华夏基石管理评论

源于本土实践的管理思想原创基地

华夏基石管理咨询集团 主编

第五十九辑

官方微信

中国财富出版社有限公司

图书在版编目（CIP）数据

华夏基石管理评论．第五十九辑 / 华夏基石管理咨询集团主编．— 北京：中国财富出版社有限公司，2021.10

ISBN 978-7-5047-7549-8

Ⅰ．①华… Ⅱ．①华… Ⅲ．①企业管理 Ⅳ．① F272

中国版本图书馆 CIP 数据核字 (2021) 第 206045 号

策划编辑 李 晗 **责任编辑** 邢有涛 李 晗
责任印制 梁 凡 **责任校对** 杨小静 **责任发行** 黄旭亮

出版发行	中国财富出版社有限公司		
社　　址	北京市丰台区南四环西路 188 号 5 区 20 楼	**邮政编码**	100070
电　　话	010−52227588 转 2098（发行部）		010−52227588 转 321（总编室）
	010−52227566（24 小时读者服务）		010−52227588 转 305（质检部）
网　　址	http://www.cfpress.com.cn	**排　　版**	《华夏基石管理评论》编辑部
经　　销	新华书店	**印　　刷**	北京柏力行彩印有限公司
书　　号	ISBN 978-7-5047-7549-8/F・3355		
开　　本	889mm × 1194mm　1/16	**版　　次**	2021 年 10 月第 1 版
印　　张	10.5	**印　　次**	2021 年 10 月第 1 次印刷
字　　数	145 千字	**定　　价**	88.00 元

2021年第三辑 总第五十九辑

咨询与合作： 010-62557029　010-82659965转817　13611264887

读者交流群： 微信 s13611264887

网　　址： www.chnstone.com.cn

地　　址： 中国北京市海淀区海淀大街8号中钢国际广场六层（100080）

主办

北京华夏基石企业管理咨询有限公司

China Stone Management Consulting Ltd.

INTRODUCTION
本辑导读

壹

十多年来，以阿里、腾讯、百度、京东、字节跳动、拼多多、美团等一批消费型互联网的崛起为代表，中国互联网企业的发展可谓是高歌猛进，收获了无数的鲜花和掌声，无可避免地也给社会留下了泥泞和伤痕。近两年，一些与互联网企业有关的事件引起社会关注，一些互联网企业的商业举措受到消费者质疑，一些互联网企业受到主管部门的制裁……背后深层的原因是什么？互联网大企业持续成功如何迈过管理坎、文化坎？构筑企业持续成功的底层力量要解决哪些核心命题？本期的“专题”栏目对这些问题进行了探讨与思考。（见3页）

贰

长期存在于人才工作中的痛点问题是人才如何借助资本的力量，展现价值、发挥价值、创造价值。人才在创新创业的过程中对接资本难度比较大，根本阻碍在于人们较容易量化一件事情的潜在价值，却难以量化一个人的潜在未来价值。济南人力资本产业研究院从这个痛点和难点入手，在济南市政府的支持下，联合学界和实业界，致力于探索一套基于价值的人才评估与测量方案，架起人才和资本之间的桥梁，培育一个围绕人力资本的服务产业。（见34页）

叁

华为为什么成功，为什么能够成为具有全球竞争力的世界级领先企业？华为赢在什么地方？当然，我们可以从各个方面去概括，如华为赢在企业家和企业家精神，赢在以任正非为核心的高层领导团队的领导力，赢在战略上聚焦，赢在产品技术投入和产品领先，赢在把能力建立在组织上，赢在以奋斗者为本的人才机制……这些都是成功之道。但我认为，最终还是回归到人，还是回归到华为以奋斗者为本的人才机制，最终是赢在华为的人才机制能吸纳、留住以知识型人才为基础的高绩效人才队伍（彭剑锋）。本期，彭剑锋老师对华为人力资源管理的成功实践进行了全面、系统的评析，提示了华为强大的组织力量的源泉——将文化价值观融入人力资源管理体系。（见62页）

肆

首席人才官怎样才能 “当家做主”，发挥出自身的价值？拉姆·查兰主张企业应组建一个G3团队，即CEO、CFO和CHRO的三人核心团队。戴维·尤里奇则主张要从HR自身的能力入手，建立起一个组织管理系统。而与这两位都有深度交集的前百度副总裁刘辉结合自己的从业实践，提出CHRO要真正发挥价值，要解决CEO所关心的问题，并且抓住八大要素真正实现人才制胜。（见102页）

“问题出在前三排，根子还在主席台”“一个企业最大的‘内卷’是有高层无高管”。企业的高层管理团队（俗称“班子”）对一个企业发展壮大至关重要。那么，班子究竟怎么搭？华夏基石的陈明老师用形象化、接地气的语言讲述了企业搭班子的常见问题与解决方法。（见121页）

伍

贝索斯在2000年互联网泡沫崩溃之时，在一封写给股东的信中提到，在环境变化时要具备一种看到事物本质的能力，保持“战略定力”，同时也要有“决断力”，而这同样来自对事物本质的洞悉与思考。（见145页）

他的这种思想与《道德经》的主张是一致的。本期我们还推荐了《跟道德经学领导力》，作者吴强主张，企业家们越是在变化莫测中，越要开启“心性之眼”和“理性之眼”，寻本质，就正道。（见148页）

华夏基石基于本土企业标杆案例的

八大经典咨询模块

顶层设计与企业文化建设

01.企业文化诊断
02.企业家思想提炼、管理、应用
03.企业文化大纲（企业文化表达系统）
04.价值观评价标准
05.基于价值观的干部人才体系建设方案
06.企业文化释义集（企业文化释义词典）
07.企业文化案例集
……

企业战略与成长管理

01.企业的成长阶段界定与经营问题研究诊断报告
02.行业发展与产业分析研究报告
03.企业的战略规划
04.企业产品创新与新业务发展规划
05.企业商业模式创新与行业案例的对标研究
06.资本运作与产业收购兼并策略与方案设计
07.企业成长问题与成长瓶颈诊断分析报告
……

企业变革与组织能力建设

01.基于战略的组织变革方案设计
02.平台化+分布式的组织模式设计
03.基于价值创造的集团管控模式的选择与设计
04.组织结构设计方案
05.企业决策机制与授权体系设计
06.组织责、权、利、能、廉机制设计
07.团队智慧的打造与轮值CEO制度设计
……

战略人力资源体系建设与人力资源机制创新

01.基于战略的人才系统设计方案
02.基于能力的人力资源管理体系设计
03.基于战略的绩效与薪酬激励体系设计
04.员工职业通道与任职资格体系设计
05.企业的职位体系与职位管理设计
06. KPI与平衡记分卡的应用设计
07. OKR设计与应用工作坊
……

事业合伙机制与产业生态构建

01.事业合伙机制顶层结构设计
02.命运共同体（一级合伙人）事业合伙机制构建方案
03.事业共同体（二级合伙人）事业合伙机制构建方案
04.利益共同体（三级合伙人）事业合伙机制构建方案
05.产业链属地事业合伙人模式设计
06.供应商事业合伙人模式设计
07.渠道事业合伙人模式设计
……

集团管控

01.集团战略转型与系统变革方案
02.优化高效的、分层分类的集团化公司治理体系设计
03.集团领导体制与决策机制设计
04.集团化管控模式选择与混合式管控模式设计
05.总部专业职能的角色定位、专业能力建设与价值创造方式
……

营销创新

01. 营销诊断及模式设计
02. 1+N全渠道模式升级
03. 精准化营销策略
04. 品牌IP化设计
05. “顾客经营”营销模式导入
06. 营销组织平台升级
07. 营销队伍建设
……

阿米巴经营:平台赋能型自主经营体

01.《阿米巴经营深度调研分析报告》
02.《阿米巴经营组织划分报告》
03.《阿米巴经营组织运行规则手册》
04.《巴长竞聘机制》
05.《巴长工程》
06.《阿米巴经营分权表》
07.《阿米巴经营核算科目表》
……

华夏基石十月管理高峰论坛

Chnstone October Management Forum

2021第九届

华夏基石十月管理高峰论坛

The Ninth Chnstone October Management Forum 2021

迷航的灯塔：数字化转型与生态战略

时间：2021年10月29日（北京昆泰酒店）

往期回顾

2020第八届

华夏基石十月管理高峰论坛

再造组织新能力——

新能力系统重构与数字化转型

2019第七届华夏基石十月管理高峰论坛

活法：行业领袖与隐形冠军崛起之道

管理构筑基石 咨询智启未来

2018第六届华夏基石十月管理高峰论坛

认知革命——宏观变局与数字化生存

2017第五届华夏基石十月管理高峰论坛

企业家精神与中国企业战略成长

2016第四届华夏基石十月管理高峰论坛

回归常识——探寻企业成长新动能

2015第三届华夏基石十月管理高峰论坛

谷底重生——拥抱产业互联网

2014第二届华夏基石十月管理高峰论坛

中国企业：向生而生——重构战略成长

2013第一届华夏基石十月管理高峰论坛

质变与中速时代，中国企业如何转型升级

洞见生存发展本质命题，智启经营管理战略未来

“华夏基石十月管理高峰论坛”（简称“十月论坛”）由华夏基石管理咨询集团主办，致力于推动中国企业管理模式的创新与实践，助力中国企业健康长远发展。论坛创办于2013年，于每年10月最后一个周末举行，每年有超过 1 200 位深具思想力的管理学界权威、深具变革力的企业领袖、深具活力的知名企业核心高管代表出席，“十月论坛”已被公认为中国企业界及管理学界深具影响力的论坛。

华夏基石产业服务集团
“三六九”系统工程

以长期价值主义，推动企业持续增长

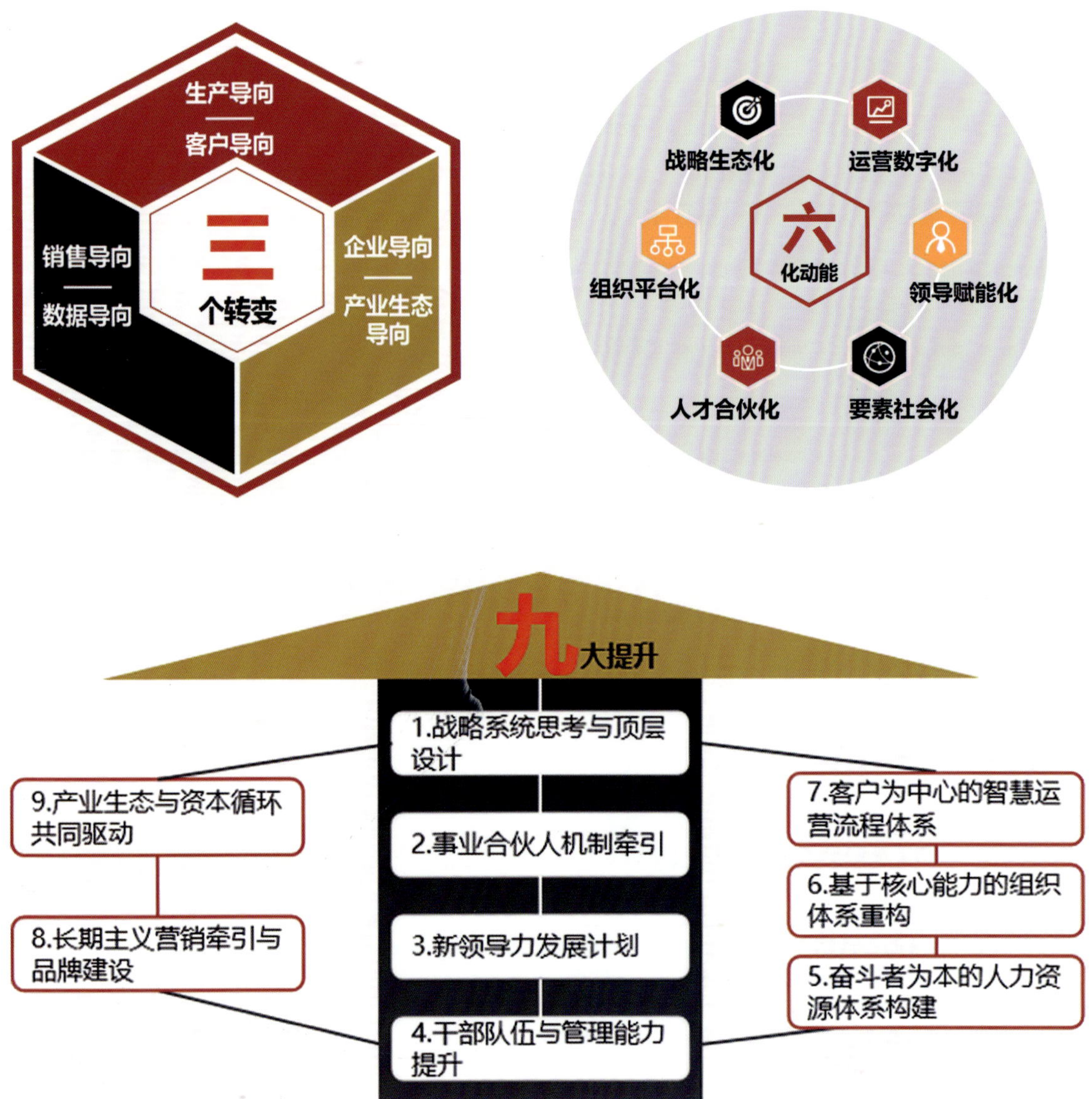

经营管理，内外兼顾

客户	痛点问题	关键思考	解决思路
民企 龙头 隐形 冠军	经济放缓，成本上升，业绩压力陡增	增收节支，资本和产业循环反哺业务和经营现金流	在经济逆周期中生存发展和持续成功的**《增长战略》**
			盘活资源，借助政策红利，获取竞争优势，思考和推进**《地产资源反哺业务规划》**
			以合法合规为前提，以降低成本激活动力为目标的**《全面税务筹划》**
	企业在跨越规模和成长阶段的台阶方面缺乏后劲	机制先行，提升整体价值	构建共识、共担、共创、共享，基于增量创造的**《事业合伙人机制》**
			面向中长期持续发展的**《企业价值倍增计划》**
	企业家尚未完成系统思考，核心团队缺乏共识	围绕成功关键完成系统思考并达成共识	围绕持续成功要素的中长期系统思考和战略顶层设计，完成企业**《发展大纲（基本法）》**
			创造业务增量，凝心聚力，支撑发展，建立内外部广泛共识的**《奋斗文化》**
	面对数字化和高新技术的冲击反应迟钝		基于中长期战略发展，面向未来的**《全面数字化转型规划》**
	经营管理粗放，到处跑冒滴漏	将成功关键落实到组织和团队建设中	以降低成本，提高效率，汇聚资源，沉淀能力为目标的组织平台化改造，构建**《赋能平台加分布式经营体的平台化组织》**
	核心团队能力态度不到位，当责人缺失		围绕准企业家和职业经理人两支队伍的**《新领导力提升计划》**
国企 平台	对战略和发展方向缺乏共识	围绕成功关键完成系统思考并达成共识	形成广泛共识，面向中长期发展的**《国企战略系统思考和顶层设计》**
	中长期战略规划和经营管理活动脱节		切实推进**《“十四五”战略规划与落地实施计划》**
	党建工作和企业经营管理脱节		将党建与国企战略和经营管理紧密结合，研讨**《党建引领国企经营管理提升》**
	团队动力不足，奋斗文化和机制建设落后	机制先行	结合国企实践，推进**《三项制度改革理论研讨与落地实操》**
	对产业链要素的关注和协同不到位	拓展产业视野和思维	基于价值链思维的产业核心要素汇聚和联动方案，设计规划**《国企产业发展思路框架》**
	对并购融合与资产重组缺乏经验和有效工具		运用资产证券化等工具有效推进**《优质资产并购融合与优化重组计划》**
	对环境或区域性问题缺乏研究和应对措施		基于刚性兑付的**《国企经营对策分析与规划》**

详情请咨询：

电话：010-62557029　　010-82659965转817

13611264887（电话及微信）

华夏基石管理评论
微信公众号

专题

模式之困与价值迷航

中国互联网大企业：脚步太快了，等等灵魂！ P2

中国互联网大企业为何迈入“多事之秋”…………… 尚艳玲 3

这个时代，大企业需要重新定义自身发展逻辑……… 苗兆光 7

文化挑战与竞争焦灼下的中国互联网大企业………… 夏惊鸣 13

扭曲的企业成功观…………………………………… 孙　波 20

反思四大命题，构筑伟大企业的底层力量…………… 彭剑锋 23

聚焦

一切为了价值创造
基于价值构建人力资本产业生态 P34

基于价值的人力资本解决方案：平台+生态 ……… 张维国 35

聚焦“人才有价”，基于自身核心价值构建产业生态
………………………………………………………… 彭剑锋 47

人力资本定价如何“顶天立地”…………………… 李海峥 51

个体人力资本生态经营的三个维度………………… 饶　征 55

洞见

强大的组织力量从哪来
——华为人力资源管理十大成功实践评析 *彭剑锋* P62

视野

首席人才官如何当家 *刘　辉* P102

雷军在金山
——金山组织变革的启示…………………………………… 陶国兴　113

“搭班子”的心法………………………………………… 陈　明　121

战胜内卷——突破增长，实现跃迁……………………… 陈　明　131

阅读

平静管理 *亨利·明茨伯格等* P138

贝索斯：看到本质……………………………… 宁向东、刘小华　145

《跟道德经学领导力》：寻本质，就正道……………… 吴　强　148

专题

CHINA STONE

中国互联网企业真正要转型，真正成长为大而强、受社会尊重的伟大企业，必须构建明确的价值观体系，要基于价值观对企业有顶层设计，要有长期价值主义思维，另外要相信文化的力量，要回归到文化的力量。

——彭剑锋

模式之困与价值迷航

中国互联网大企业：脚步太快了，等等灵魂！

编者按

本组文章策划采写于“阿里 807 事件”发生之时，文中难以避免会提到本次事件，但编者本意并不在于评判事件本身，而是旨在唤起所有的中国互联网企业对价值观与文化建设的重视与思考。

华夏基石3+1论坛第35期活动

研讨嘉宾

彭剑锋 华夏基石管理咨询集团董事长，中国人民大学劳动人事学院教授、博士生导师

孙 波 中国劳动关系学院副教授，华夏基石集团副总裁

苗兆光 华夏基石双子星管理咨询公司联合创始人、联席CEO，训战结合咨询专家

夏惊鸣 华夏基石双子星管理咨询公司联合创始人、联席CEO，训战结合咨询专家

本专题采用分别采访的方式。采访记者：尚艳玲 刘晓旸

文字整理编辑：尚艳玲 刘晓旸

中国互联网大企业为何迈入“多事之秋”

■ 作者 | 尚艳玲

十多年来，中国互联网发展可谓是高歌猛进，以阿里、腾讯、百度、京东、字节跳动、拼多多、美团等一批消费型互联网的崛起为代表，一种创新与新兴经济力量似乎正在改变中国经济社会的方方面面，深刻影响了中国人的生活方式。人们欢迎他们的崛起，是因为相信这些互联网带来的不仅仅是先进的互联网技术，还有以互联网精神为核心的先进文明。互联网精神，来自互联网最初的设计：对等、开放、容错、共享、去中心、自组织，等等。

然而，2020—2021 年，却出现了一系列引起社会广泛关注的互联网企业的事件，阿里、美团、腾讯、滴滴等因为涉及垄断、网络安全等问题被国家相关部门查处，从“拼多多 23 岁员工猝死”到“阿里 807 事件”，发生在互联网企业的事件也频频冲上社会热搜，甚至和职场 PUA、年龄与学历歧视、超时劳动等负面词汇连接在了一起，引发从主流媒体到民间的广泛关注和讨论。人们看到，一直以“加速度”行驶的中国消费互联网行业这辆高速列车，所经之处，不仅带来鲜花和希望，也留下了泥泞和伤痕。

本来正值少年时期的互联网行业，为何提前迈入了中年“多事之秋”？我们梳理这两年发生的互联网企业事件，认为背后的深层原因主要有两个：一是模式之困，消费互联网模式有“走到头”的生存焦虑，但向产业互联网转型又谈何容易？二是价值迷航，体现为文化价值观建设与企业生存焦虑、发展速度之间的矛盾，企业价值观导向和整个社会环境变化之间的差距。而具体到每个互联网企业，解决之道则在于组织变革与文化重塑。

模式之困：“这种不讲道理的盈利模式是行不通的”

中国国际经济交流中心副理事长黄奇帆在2021年（第二十届）中国互联网大会上说：“今后十年是产业互联网时代，这种不讲道理的盈利模式是行不通的。”他说的“不讲道理”，指的是目前消费互联网存在以下四个突出的问题：一是拼命烧钱扩大规模，打败对手取得垄断。黄奇帆表示，此举形成的效果在一个领域中几乎是零和效应，没有资源优化配置的增值效应。二是利用人性的弱点来设计产品，打擦边球，扩大流量，吸引眼球。三是利用网络平台垄断地位，采取不对等的措施，采集客户、采集老百姓的信息，甚至侵犯隐私。四是互联网杀熟，互联网杀熟实际上也是一个不公平、不公正的现象。杀熟的过程是在被杀熟的对象不知情的情况下，把人分成三六九等、价格不同。黄奇帆强调，“即使是消费互联网，在国家法治进一步健全的情况下，这种互联网杀熟，利用人性弱点设计各种产品，利用平台垄断权力过度采集数据，以及用烧钱的模式形成零和效应，这些也是行不通的”。

互联网企业粗放扩张、规模推进，盲目追求流量效应的野蛮生长时代应该结束了。

换言之，互联网企业粗放扩张、规模推进，盲目追求流量效应的野蛮生长时代应该结束了。

有数据统计，每在经营上赚100元，腾讯会全部进行净投资，阿里巴巴会投出80元，凸显出资本高强度的扩张步伐。阿里近

3 个财年的投资收益分别高达 305 亿元、441 亿元、730 亿元，对净利润的贡献将近一半。腾讯的账面浮盈更高，光是投资美团浮盈就超过 2000 亿元。

移动互联网在电商、内容、社交等方面的消费产业，由于用户群体的饱和，已经进入了增量停滞的红利衰退期。伴随而来的，是整个产业模式的缺陷越来越暴露。互联网能够带来的综合社会效益，正在走入边际效益递减的困境。

而在互联网企业表面繁华的背后，是在生存与发展压力下对产业发展规律的无视；是在扩张诱惑下的社会边界失控，在成功光环下的自我膨胀，以致对大环境变化的迟钝和社会价值导向模糊。

价值迷航：“除了财政底线外，还有价值、道德和正直的底线”

“在伪善、缺少正直或将赢利置于价值之上的组织中，冲突将会不可避免地出现于价值层次及看似微不足道、混乱和表面化的问题中。”美国冲突理论研究权威、组织咨询专家肯尼思·克洛克和他的合著者琼·戈德史密思在《管理的终结》一书中论述了组织与道德的关系。他写道：“当组织为道德驱动，道德明确，且植根于正直时，雇员们感到自己能够进行有意识的选择，公开地确定最高价值，并按照最高价值来生活。而当组织忽视价值、道德和正直，仅是以法律、规则和规定为基础运转时，他们就会将自己的价值归结为‘保持一致’和‘摆脱困境’这个狭隘的自我利益。每个人想的是如何确保自己在禁区内运转以使自己不被解雇，几乎没有人想要去达到最高目标（最高价值）。”

在一篇名为《互联网如何毒害了我们的组织》的自媒体文章中，作者陈果根据他对互联网企业的观察写道：“绝大多数中国互联网公司，都是靠一些快速迭代的小创新找到生存空间的，复杂的组织协作并不是他们需要考虑的……以产品大牛为典型代表，首要考虑不是合作性，而是如何被人注意到，如何在组织中活下来。”在面向海量用户的巨大不确定性环境中，无论是组织外部还是内部，互联网公司的产品多是在丛林规则的激烈竞争中胜出的，活过淘汰机制的幸存者就是“胜者为王”。

可是，正如肯尼思·克洛克所说，“当组织里的生活简化为利润率问题，人们容易忘记，除了财政底线外，还有价值、道德和正直的底线。它也许是有争议的，但至少与组织的利润、政策成就同样是重要的”。

纵观世界级高科技企业的发展历程，如英特尔、IBM、思科、高通、爱立信等，无不是敢于阐明自己的价值，并且通过持续地组织变革和机制制度建设，反复确认所有雇员是否都能在核心价值观下，进行符合企业文化的行动。而这也促进了这些企业一次次克服了外部环境变化对财务上的冲击，保证企业持续的成功。

引用某主流媒体在“阿里 807 事件”初发时的警示：“价值观危机是企业的根本危机。”经历了近十多年迅猛增长的互联网企业，的确到了反思与重塑价值观的时候：是攫取社会财富，还是创造社会价值？是通过解决社会问题让世界更美好、社会更进步，还是解决了旧问题带来更多的新问题；是向社会传播积极正面的互联网文化，还是培养有互联网优越感而无社会责任感的“互联网新贵”“互联网大亨”……

当然，我们也看到了互联网大企业的敏感性与迅捷反应，截至本文发稿时（2021 年 9 月中旬），我们看到，阿里在“807 事件”发生后迅速启动了内部调查和反应行动，腾讯在国家政策指导下，在自己的所有产品上启动了“青少年模式”，防止游戏沉迷、增设科学教育等。这些都是良好的变革开端，我们可以期待这场变革将由外到内，由表入里，从中国互联网大企业开始，引发行业的一场组织变革与文化价值观重塑行动，使互联网行业仍然能站到数字化、智能化时代发展潮流的前沿，成为中国新经济的核心力量。

这个时代，大企业需要重新定义自身发展逻辑

苗兆光

最近引发讨论的“阿里 807 事件”，以及一些与互联网企业相关的社会事件，作为管理咨询研究者，我思考的是这几个问题。

管理如何不失效、不走样？

阿里是强调人情味儿的公司，所谓人情就把人与人之间的边际拉得更近了，但你看那些以制度管理著称的公司，往往强调只谈工作不谈私人感情，人与人之间保持一定的距离。但当强调家文化、强调人情味时，有一个问题需要注意：人际边际怎么把握？如男同事和女同事的边界。

在价值观管理中，要评价态度、评价行为，但相比于评价结果，态度和行为的评价弹性特别大。如果再用上级对下级进行价值观评价的方式，事实上是强化了管理层级的不对等。再加上强调人情味儿，又没有设定有关红线和控制机制的话，遇到那些修养不高的管理人员，文化就容易“走样儿”。

这跟大多数的互联网公司早期的发展路径有关。在扩张的时候，靠扩张带动发展，用机会的发展消化了组织内部的各种矛盾，企业的管理并没有把企业的价值观深刻地管住，价值观容易变形。

我们经常谈企业文化，文化要处理的都是各种矛盾问题，各种“悖论”。比如，一个公司没有等级不行，没有平等也不行；没有理想不行，没有现实也不行；不追求业绩不行，单纯地追求业绩也不行……阿里的文化有它的合理性，比如，他强调人情味儿是强调团队的合作，如果管理水平高，能够把团队合作与人际边界之间的矛盾处理得特别好，就不会走向某一个极端，如果过度强调人情文化，会容易模糊边界。没有了边界，有些行为就不好放到价值观里去评价。

阿里的价值观管理有很多可取之处，问题在于如果没有对应的平衡手段，即管理如果不精准，往往会出现管理在实现过程中走样的问题。现在的趋势是强调精准管理，所谓精准，简单说就是通过强化重要的环节，使得那些相对不重要的环节不出问题。比如，阿里一方面强调价值观，要求管理人员对下级的价值观作出评价的时候，另一方面一定要有一些管理机制，对冲这个过程中容易产生的不平等、不透明的事情。

可能会有人说，从“阿里 807 事件”去反思它的价值观管理是不是小题大做了？但正如阿里总裁张勇在得知此事后反思到：“HR 团队对人的关注、关怀不够，**理性多了，感性少了，缺乏感同身受**。同时，缺乏应急响应体系和存在严重的判断失误。”引咎辞职的阿里同城零售事业群总裁李永和也反思自己在此事件中“缺乏同理心、同情心，缺乏视人为人的关怀”。

“风起于青苹之末”，往往是一个小征兆，就意味着原来的系统没有办法应对它了。

当然，我要强调的是，**没有出问题的企业并不表示没有问题，出了问题的企业，比如，阿里并不代表它全是问题，阿里仍然有很多值得学习借鉴的地方。只是过去的发展逻辑在新的时代**

要求下、在目前的组织规模下出了问题，需要调适与优化。

其实这就涉及我要谈的第二个问题：关于企业的扩张和企业与社会的边界。

企业扩张的边界在哪里？

企业与社会的边界要保持动态平衡，这要求企业要学会自我设置发展“红线”。

（一）大贡献可能会伴随大破坏

我的一个基本判断是，一个企业在成长过程当中，你对社会有多少贡献，某种程度上可能就会造成多大的破坏，当然，这种破坏往往是你始料未及的。举个生活中的例子，你在高速路上开车，开得很快，你的驾驶技术也很好，但当你把车停下来以后会发现，挡风玻璃上有很多死掉的小虫子。其实你开车的时候心存良善，并没想伤害什么，但是无意中却伤害了很多。做企业有时也是这样，即便是用心良善，也会对社会有正向产出和负向产出。这也是经济社会发展中的一种正常现象，不正常的是，没有人知道这个道理，或者不能动态平衡企业扩张的社会边界。这也是所有的大企业遇到的麻烦：就是边界在哪里，怎么把握社会边界？**由于你是大企业，你的公共性质变强，你的一举一动对社会的影响或伤害就特别大了：正产出很大，负产出也会很大。**

> 阿里的价值观管理有很多可取之处，问题在于如果没有对应的平衡手段，即管理如果不精准，往往会出现管理实现过程中走样的问题。

过去一二十年，中国的企业扩张逻辑是什么呢？一直在扩张，一直在增长，所以过去我们讲，经营即增长，增长即经营，大家围绕着增长谈一切，现在不能这样谈了。因为，如果一个大企业所有的资源配置都是围绕着增长，就变成了打打杀杀，以征伐为第一位的野蛮性扩张，背后的文化必然是狼性文化。如果企业小的时候是一头狼，在社会上咬这个一口，咬那个一口，可能还不会伤筋动骨，但如果小企业成长为有数十万人的大企业，还是狼性文化，还在社会上咬来咬去的时候，社会还受得了吗？

大企业在早期，围绕着增长逻辑去扩张的时候，其实社会付出了很大的代价，社会一直在容忍，但当这种扩张到了一定界限的时候，社会就要约束它的边界了。尤其是如果企业不能从内部进行约束的话，代表社会利益的公权力就要从外部来约束，不可能使之无序、无限扩张下去。德鲁克讲，人类的两个基本价值观就是平等和自由。所谓的自由就是按照自己的方向发展，但如果企业按照自己的意志自由发展，就会破坏整体性的平等——别人就没有发展机会了。

> 外部环境发生改变的时候，组织也要变化，要把市场的规则转化为组织的规则。

所以，一个企业在扩张期的时候，扩张是没有问题的，但越往大走，扩张逻辑就越要变化了——必须关注企业跟社会的和谐，把握企业跟社会的边界，企业承担的社会责任就变得更主要了。

（二）重新定义自己，调整发展逻辑

大企业在扩张过程当中要处理的一个重要问题：必须重新定义自己，动态调整自身发展与社会的边界。如果没有及时调整，你的扩张一定会跟外部产生摩擦，组织内部也会出现各种不适应。

不仅是互联网大企业，传统大企业也是如此。比如，华为也面临这个问题。华为从成立以来，从来没有停止过增长，过去唯一停止增长的情况发生在 2002 年，出现了“华为的冬天”的反思与自我批判，2021 年又出现了第二次。当这个停止发生时，华为的分配逻辑、激励方式是不是要改变？

对大企业来讲，实际上始终都要处理好企业发展逻辑、发展规模与外部环境变化这两者之间的摩擦问题。

学会自律，对环境变化始终保持敏感和敬畏之心

企业需要对外部环境变化信号保持敏感和敬畏之心，学会自律。这是我从去年开始就在思考的事情，在 2020 年底时，我就讲到，要注意企业“内部事件”社会化的趋势，这就是环境发生变化的一个信号。从 2021 年发生的各种事件中可以进一步得出判断，企业要进行系统更新了！

这其实不是一个新概念，而是企业发展的规律。不管是大企业，还是小企业，一定是围绕着环境的改变去自我更新。社会的规则改变了，组织规则一定要改变，这是大的背景。企业是生存于外部环境的，外部环境发生改变的时候，组织也要变化，要把市场的规则转化为组织的规则。

这个问题不是一个小问题。比如，当企业不能快速扩张的时候，你应该怎么激励企业里的人？快速扩张的时候，激励相对好做，就是“做饼分饼”的理念，但不能快速扩张的时候怎么办？如果你不能转变激励方式，可能大家就会相互抢夺存量了，内部的人际关系恶化了。而根本原因在于企业没有完成应对外部环境的变化。

一个企业必须满足社会的期待，必须融在社会这个环境中，尤其是大企业。比如，有些产业一开始社会容忍扩张，有些不自律的行为时，也不会处理，但一旦处理起来，可能就用力很猛、动作很大，但这也是环境啊。那怎么办？只有强化自律！作为企业，自律才不会遇到这些问题。看见人家吃肉，自己也想吃，结果人家没挨打，你被打一顿，这就是你自己的问题。

就像很多企业早就知道该履行社会责任，但总觉得那么多人不履行也没怎么样，所以自己也不履行。结果呢，可能率先触雷，那你就得承担后果。

企业不能靠他律，不能心存侥幸，要靠自律、主动承担。这些道理说起来就是特别朴素，都是常识，没什么深奥的，完全取决于自己怎么修炼自己的心智模式，坚持什么样的价值观。

当然，我还是要提醒，现在环境发生了很大的变化，比如，我国的政策环境，很多政策文件、法规早几年就出台了，但很多人仍然不相信、不执行。为什么？因为还有很多企业在试探这个社会承受的边界，用扩张的欲望对待这个社会，对变化没有敬畏之心，那么出事就是早晚的事。现在，我在医疗行业里就天天讲：目前房地产业、教育培训业已经遭受了重锤，医疗行业也要做好准备，对相关的政策变化信息要敬畏，要及时做出调整。

企业是环境的产物，是时代的企业，要对外部环境变化信号始终保持敏感和敬畏之心，这就是所谓的底层逻辑。

（本文根据作者口述整理）

文化挑战与竞争焦灼下的中国互联网大企业

夏惊鸣

中国互联网大企业已经步入深水区，基于消费互联网的商业模式亟待深化、创新；文化价值观被稀释或者发生扭曲，这两个问题比较突出，结合 2021 年出现的一些互联网企业事件，尤其是刚刚发生的“阿里 807 事件”，我谈一下自己的一些观点，或者说提出几个问题大家一起来思考。

第一，事件本身并不是企业文化，如何对待事件才是企业文化

很多人谈到“阿里 807 事件”是阿里的企业文化出了问题，这个观点是有问题的。

这类事件，可以发生在阿里，也可以发生在其他任何组织。**“事件”本身并不是一个组织的文化，但如何对待、处理发生的“事件”，才是一个组织企业文化的表现。**所以讲，在事件发生后，阿里人力部门以及公司如何处理，是阿里文化的体现。

也就是说，一个企业、一个组织无论文化多么强大，都不敢保证绝不会发生某种事情。只能说，一个企业的文化很强大，一旦发生某种与企业文化相悖离的事情，它绝不容忍。

如果像描述所言，事件发生后阿里人力体系的反应——涉事员工反应和求助之后，没有及时和负责任地处理，到发酵之后才出来说明，以及事情后来的一些反转，都说明这个组织的

文化价值传递或者说反馈体系确实存在一些问题。

第二，企业事件成为社会热点背后的大企业责任问题

为什么这次的事件特别受关注？可能背后有两个关键点。

一是大企业的责任。如果这个事情发生在另外一个企业身上，可能它就不会受关注，或者说不会引起这么广泛的关注，这里就体现出社会对大企业的期待，大企业在社会上承担着和其他企业不一样的社会责任。这跟明星出问题更受大家关注是一样的道理。明星出问题备受关注，也是因为明星的社会影响面宽，任何一个不好的事情，负面的示范效应都会被放大。

我在几年前一篇文章中提到中国大企业需要明白自己的责任与转型，需要确立更高、更远的视野和思维。我当时建议大企业应该具备世界级领导力思维，全球化领导力思维、产业领导力思维、思想领导力思维、使命领导力思维。怎么理解呢？比如，产业领导力，中国的领军企业如果做到像苹果公司一样，不仅仅是自己具有很强的盈利能力，而且能够带动产业链各环节的盈利能力，而不是简单压榨，那么，才是真正具备产业领导力的企业。这种转型，是一个国家大企业肩负的责任，代表了我们的企业和产业竞争力在全球的真正地位。

中国大企业需要明白自己的责任与转型，需要确立更高、更远的视野和思维。

二是社会文化思潮正在转变的背景因素，社会上正在涌动着一股回归对道德的敬畏、对常理的尊重的思潮。过去，在快速发展的阶段，有些“灰色”的事情，社会的容忍度比较高，但现在社会不能容忍了。**所以包括互联网企业在内的所有企业一定要有敬畏之心，尊重常理、敬畏道德**。

第三，要区分企业文化结果与企业文化建设过程

正如我前面所言，这个事件本身不是企业文化，如何处理才是。但对企业文化的理解，现实中还存在另一个很大的问题——企业文化神秘化，这会导致我们在企业文化建设方面误入歧途。

比如，有人讲企业文化像空气一样无所不在，制度解决不了的，文化来解决。把企业文化搞得很神，这是不对的。

这种似是而非的论调有两个问题。

1. **混淆了结果与过程**。企业文化像空气一样，这是一种“形成了强有力文化”的结果。但到底怎么形成这种强有力的文化才是关键，才是企业管理应该关注的问题。否则，我们总以为有一种“神招”，或者是神秘的存在，我们找到了，就找到了这种“神秘的空气”。

2. **撕裂了文化与行动**。企业文化像空气一样，这种表述把企业文化描述成了一个独立的存在，这是不对的。观念与行动一体两面，观念是通过行动来体现的，不是口头讲的，也不是贴在墙上的。企业的战略决策、经营活动、管理机制、行动风格（组织氛围）、事件处理等，这些行动背后体现了一个组织的文化。一个组织就是在战略决策、经营活动、管理机制、工作行动、事件处理过程中，不断调适、强化我们的行动与想要的“导向、原则”的一致性，久而久之，就形成了惯性，企业文化就形成了所谓的“像空气一样”的存在，就是强有力的文化。如果没有形成强有力的文化，组织的导向和原则处于一种混乱状态——这个人这么做，那个人那么做；今天这么做，明天那么做。

因此，**企业的文化建设没有一刻的懈怠，它需要“全面的落地”与“持续的建设”**。不然，**很难形成强有力的文化，或者形成了强有力文化之后，就会稀释和变异，就像一个房间，制冷空调关了之后，过一段时间，“空气”肯定就变热了。**

在“阿里 807 事件”中，我们也看到在事情发酵后，阿里内部迅速展开了行动，包括成立调查小组、发起员工监督社群，发起反职场陋习约定等行动，正是在进行文化塑造和价值观真正落地的工作。

但需要记住的是，文化建设的关键是“全面而且永远是逗号”。

第四，企业文化背后，是需要深刻反思的社会文化问题

我从近期的一些社会热点事件中，看到的更多是社会文化的问题。从社会文化来看，我们可能处于一个“混乱期”，真正到了一个需要进行重新明确文化和价值观的时期。所谓的“混乱期”，可能跟两个因素有关。

1. **我们在近现代，似乎没有真正完成“立”的过程**。我们这 100 多年来都是在大型变革当中过来的，但都似乎是只有“破”，没有完成“立”。从戊戌变法开始，很快就流产了；到孙中山的三民主义革命，但蒋介石又变了；随后中国共产党解放全中国，没多久，就“文化大革命”，再后面的改革开放，是一个开放试错，不管白猫黑猫，抓到老鼠就是好猫的过程。我的感觉是我们在不断地“破”，除了政治方面有了明确的“立”，似乎社会文化还没有完成较为“清晰、完整”的“立”。所以，现在看，娱乐至死、唯成功论、“骗子文化”等盛行，使得道德底线越来越模糊了。互联网平台在一定程度上起到了推波助澜的作用。

2. **人口大迁徙，也导致远离“旧”的，但“新”的需要一个过程**。简单地说，这几十年，中国的社会变迁实在是太大了。经济快速发展，人口大规模迁徙，绝大多数人和原生地分离开来了。这种变化，使得人们接受的文化价值观不连续、不一致。比如，你一直待在你的出生地，受父母的影响，受你那个村庄或者社群的影响，你自然与你上一代的、你所属社群的文化价值观是一致的。包括你的孩子他接受的也是上两代人的影响，这就是传承（不代表过去就是对的，而是说这种情况，导致了我们原有文化的“破”）。

但是如果你到一个新的城市，人来自四面八方，时代也在变迁，包括改革开放本身，又加大了文化的多元、复杂，使我们处于一个文化较为无序的状态。在导向、原则出现混乱的情况下，大家更容易往自我利益最大化的方面变，这正是近几年很多人讲的，“一批本应肩负使命、责任的人，却成了精致的利己主义者”。

做大规模后怎么打造组织能力，怎么对客户尊重，对员工尊重，激发人的活力，这些企业常理和底线都是颠覆不了的。

当然，发展是分阶段的，我们不能因为今天有问题就否定过去。一个阶段要干一个阶段的事，现在到了我们重新确立文化价值导向的时期了，同时要警惕“左倾”和民粹。

第五，互联网企业在“以客户为中心上”较为容易出问题

再延伸一下，讲一讲怎么看互联网企业的文化。我在 2012 年就讲过，互联网企业未来出问题，一定会出在“以客户为中心”上，因为他们确实走在社会前沿，获得太多资源和关注，而且互联网行业从业者总体来说比较年轻，在取得成就后容易迷失自我、会自傲，甚至守不住企业的底线和常理。但企业发展有企业发展的规律，做大规模后怎么打造组织能力，怎么对客户尊重，对员工尊重，激发人的活力，这些企业常理和底线都是颠覆不了的。

所以，根据企业发展的逻辑，这一时期的确会是中国互联网企业的“多事之秋”，比较容易出问题。

第六，互联网大企业深层次的问题是发展模式的问题

最近，大家也都在谈互联网企业的无序扩张。我的理解是，**互联网社会，带来了用户容易链接，必然就会带来用户容易被拦截**。这些互联网的大佬不断地收购、扩张，其实不仅仅是发展的问题，而是生存的问题。因为互联网企业不是流量焦虑，就是担忧流量被拦截的焦虑。这种危机，逼着他们要么去并购，要么去竞争，去挤占别人，这一点我是理解的。但是问题出在哪儿？

一是出在是否是正当竞争。比如，打车刚开始时互联网企业通过免费和补贴的方式让司机和乘客去体验，让人把路边打车的习惯改过来。在大家都没有移动互联网认知和习惯时，利用免费和补贴改变习惯，这个是正当的。但当全社会都形成了移动互联网的认知和习惯之后，还是用这种方式去竞争的话，就类似于“反倾销”了，这是一种不正当竞争手段。

为什么我们几年前就在讲要从消费互联网转入产业互联网？所谓产业互联网有很多线下的活儿要有人去干，而且有些产业还不是干一年两年就能出成果的，甚至是十年数十年，如种植业。**消费互联网企业如果是去深耕行业、改进产业链，提升整个产业链效率还算好，但如果利用流量优势，压榨上游和“算计”顾客，那革命性创新企业就变成了“革”“命”性蛀虫型企业了**。其实，这种情况已经在发生。

二是出在新零售模式上，或者说消费互联网的模式上。互联网大企业基本上都是做消费互联网起来的，但是发展到现在，的确已步入深水区，不着眼于整个产业链效率的持续提升，是没有未来的。我们看最近新零售创新风起云涌，基本都集中在“终端创新”如淘宝、京东、拼多多、美团、饿了么、云集、兴盛优选等，然后提升供应链能力。但是在非标产品如生鲜，非标服务如健身、房产中介等，除了个别企业外（水果的百果

园，健身的乐刻，房产中介的贝壳），有多少企业真正去深耕全价值链或产业链呢？值得称道的是小米，不过小米电商是做标品的，小米是以流量平台为引擎，深化了产业链的变革。第一个是确实以用户为中心进行的产品创新，比如插线板，插线板在小米做之前没有人搞 USB 插孔，小米做了以后插线板开始有 USB 插孔了。第二个是成本结构，确实东西做得又好又便宜。小米不仅仅是一个流量平台，而且对标品进行产业链的重构，提升了整个产业链的效率。

我认为，互联网平台型企业，未来的一个重要方向是以用户流量平台为引擎的整个产业链的整合，形成“消费互联网 + 产业互联网 + 产业生态”的新互联网模式，迈入新互联网时代，这些内容我会另文讲到。

扭曲的企业成功观

孙 波

这两年来，不光是互联网企业，包括很多传统大企业在内，海航、方正等，跌宕起伏、风波不断，如果从反思的角度来看，我觉得最应该反思的是企业的成功观。究竟什么叫企业成功？

很长一段时间以来，我们对成功的定义似乎越来越狭窄了，业绩持续增长就是成功吗？企业规模做大就是成功吗？依靠补贴把模式做出来了就是成功吗……

我们对企业成功本身的定义是有问题的。**在扭曲的成功观之下，在流量经济、粉丝经济裹挟下的增长繁荣，使企业缺失了对某些问题的关注，或者说缺失了某些基础的构筑，使得一些看起来很成功的企业出现了这样那样的问题，这可能是我们要去思考的**。

其实，这个问题在宏观经济学界一直都有研究，1930 年约翰·梅纳德·凯恩斯就说过，“我们今天所遇见的经济规则是在一种扭曲的价值观之下运行”。他说，我们的社会其实并不需要这么大的生产能力，或者说这么大的物质供应能力，是因为我们整个社会在扭曲的价值观之下运行。用这句话来观照今天的种种现实，你会发现，**有很多繁荣的假象，偏离了价值**。比如，我们个人的生活真的需要那么多 App 吗？真的需要那么多信息吗？对成功本身的定义可能导致企业在运行过程中忽视了一些最根本的东西。这是我的观点。

德鲁克认为，一个企业的功能是在企业组织之外，在社会中的功能才是组织存在的价值、存在的理由。你没有在社会分工系统中贡献某种价值的话，你这个企业就没有存在的可能性和必要性，以及持续性。我们来看看那些大企业，是不是存在着在成功价值观上的扭曲，使得它在承担社会功能分工的时候就和社会所期望企业出现的功能偏差了。比如，我们希望互联网企业把实体经济带起来，但事实恰恰相反，通过资本和流量，消费互联网经济把很多实体经济的生存空间挤占掉了，把实体经济的活力掐灭了。

扭曲的企业成功观还有一个特点是什么呢？就是一成百成，一旦某个方面成功了其他所有都是好的，在这种心理之下，企业的吸纳、成长、修正的功能就缺失了。

比如，某些互联网企业的价值观管理模式一直被当作成功经验推广，但我自己的切身体验是，企业在扩张发展过程中，价值观即使不走样，也会被稀释。我和彭剑锋老师去某大型平台型互联网企业讲课时，在与对方的整个接洽和交流过程中，很难体会到一种以客户为中心的文化，不是以客户为中心，而是以自己的便利为先导条件。而且，我感到什么呢？就是在成功光环下，这些企业里的人有一种优越感，比较自大，对客户缺少敬畏心、同理心。

在与一些互联网企业打交道的过程中，以及通过一些事实观察，我认为，**我们引进了互联网，极大地发展了互联网应用商业，但是并没有把互联网最可贵的平等、开放、包容、创新的精神引进来。中国互联网企业在一成百成的光环效应下，某种程度上丧失了互联网最可贵的开放、包容的精神。**

这不仅是中国互联网企业的问题，也是整个社会的问题。最简单的例子，有过在欧美大城市驾车经历的人都会有这种感受，道路上不可能有人突然冒出来、有人突然变道超车，等等，路虽然没有那么宽敞，但开得会很顺畅。但在国内大城市开车，得眼观六路、耳听八方。实际上，我们把汽车和汽车技术引进来了，但并没有把汽车背后的文明引进过来。汽车产业发展了这么长时间，背后是有一套规则的。**每个成熟的产业都是如此，不仅是表面的物象，更是有一套包含规则、文化的内在支撑力量。**

互联网产业同样如此。互联网作为一种工具、技术，我们可以通过云计算，可以通过各种各样的技术提高效率，但是背后的精神和文明，我们也要吸收过来，并且发扬光大，才是真正地促进了这个产业的发展。

当然，从另一个角度来看，美国硅谷作为技术的发源地，但在基于互联网的外卖服务业却没有国内企业做得好，送餐很久还需要小费，这也是学习了我们的商业模式，却没有把我国服务业背后的规则和文明吸取过去的例证。

回到企业层面来看，**企业文化建设是个永无休止的过程，不可能没有波折，但价值观导向要始终清晰，如果把业绩和成功当成唯一的衡量指标的时候，必然会忽略人，以及其他很多东西。**企业要把价值观落地、构筑价值观防线，恰恰是需要从每一个细微的问题入手，从每个错误的处理或问题的解决中进行文化建设。

反思四大命题，构筑伟大企业的底层力量

彭剑锋

最近很多互联网企业频频陷入价值观的风波与危机之中，包括一些很注重价值观的企业。阿里提出的“六脉神剑”价值观体系，腾讯提出的“科技向善”核心价值观，一直受到社会各界的推崇。那为什么这些企业引起社会关注的问题恰恰都出在价值观方面？这是值得中国互联网企业以及其他企业普遍反思的问题。

不仅是BAT，最近互联网企业所面临的内外压力是整个互联网企业走到今天所要面临的问题，所以我认为这对于中国互联网企业来说也是一次反思成长的机会，回到价值观，回到经营的底层逻辑，回到整个组织系统去进行反思，思考企业基业长青的几个核心命题。

一、互联网企业过去的成功模式能否支撑持续成功

大家必须认识到中国互联网企业过去的成功模式，面临新的企业营商环境、政商环境，已经出现了不适应，过去成功的要素很难支撑中国互联网企业的持续成功。

中国互联网企业的成功有几个主要因素，这几个因素也是互联网企业持续成功的问题与挑战所在。

第一，中国互联网企业的成功是企业家精神的成功。马云、马化腾、刘强东等这一批互联网企业创始人是有企业家精神的，

这是值得肯定的。虽然这代互联网企业家刚开始都是模仿或借鉴美国互联网企业的模式，但是抓住了中国的消费互联网经济发展机遇。这个机遇之所以能够产生，第一个是因为中国大，有广阔的消费需求，第二个客观来说中国的互联网监管条件和社会文化环境是全世界最宽松的。这些要素促进了以 BAT 为代表的中国互联网企业的成功。但个人认为，企业家成功的太快、太容易了也不是一件好事，它会使得人浮躁、自我膨胀，内心有优越感。只不过有些人高调，有些人相对低调。

一些互联网企业家会认为今天的成功是自己能力的成功，导致自我膨胀，缺乏自我批判精神，缺乏对客户价值的敬畏。我曾经说，中国互联网企业不栽跟头的话，企业家是不可能有自我批判精神的。一个企业能不能持续成长，首先是企业家有没有自我批判精神，因为企业家过去太成功，整个高管团队就会膨胀，最终缺乏自我批判精神，最后膨胀到大过客户、牛过政府、超越时代。这是从企业家这个层面来讲的。

第二，中国互联网企业商业模式的形成本质上是靠烧钱形成的，是资本驱动，这是不得不承认的现实，全世界的互联网企业也都差不多——靠资本烧钱烧出来的。同股不同权，导致创始人虽然有经营管理的话语权，但是对企业本身的驱动力是没有控制权的，因为背后还是资本驱动、利益驱动，被资本所绑架。企业一旦被资本绑架，往往就违背了创始人的初心。

一些互联网企业家认为今天的成功是自己能力的成功，导致自我膨胀，缺乏自我批判精神，缺乏对客户价值的敬畏。

很多互联网企业家创业之初都有很好的价值观，有远大的理想抱负，但整个企业机器的运行还是被资本所控制，本质上是资本驱动、利润驱动而不是客户价值驱动与人才驱动。人才

也是靠烧钱获得，互联网企业人才的争夺不是靠文化、靠理想，而是靠比实体企业或竞争对手多出几倍的待遇来招揽人才，这就导致了互联网企业一方面追求高利润，另一方面出现人才泡沫。人才泡沫也导致了人才浮躁，价值观扭曲。

几年前我到过腾讯，对于他们提出的“科技向善”的价值观是很欣赏的，但我当时也说了，如果企业的驱动机制是一切以利润为导向的话，“科技向善”的价值观很难落地，因为在利润导向下，组织和人才机制是围绕怎么赚钱怎么来，而不是客户价值导向，不是真正意义上的“科技向善”。

阿里的“六脉神剑”，腾讯的“科技向善”，理念都很先进、很超前，但在操作层面要解决两大问题。第一，企业在利润驱动下能不能回归企业家创新精神和创造初衷，让价值观落地。第二，因为人才泡沫导致文化被稀释。这几年互联网人才大量的涌入，都是靠钱吸引过来的，主流文化被严重稀释。因为人才本身不是冲着企业的价值观来的，企业吸纳人才不是靠事业，不是靠价值观，而是靠烧钱吸引来的。有人说，中国互联网企业能发展起来是用资本收割了中国高等教育，尤其是“985 院校”的红利。用违背人才市场规律的超高待遇人才吸引模式，导致了文化的稀释，导致了互联网从业群体陷入价值观的迷惘境地。

二、如何回归相关利益者价值平衡，引领新商业文明建设

互联网企业本身的成功模式导致企业经营不能回归到客户价值、回归到社会责任，做到相关利益者的价值平衡。而任何一个组织如果做不到相关利益者的价值平衡，只是单一的利润导向，最后就会侵犯相关利益者的利益。

为什么互联网大企业这几年频频被监管部门查处？实际上是互联网企业在高速扩张中有些已经越过了企业边界，影响到国家社会整体的安全了。如网络与数据安全，现在中国的个人

隐私权保护还比较薄弱，一些互联网企业毫无节制地获取数据，安装一个应用 App 往往要填很多项个人信息，真的有必要吗？最后导致了创新作恶而不是向善，这是深层次的问题。还有金融安全，商业垄断和不正当竞争、税收等问题。

当然，不仅是中国，全世界现在也在面临互联网平台企业成为超级企业后的问题。比如，美国选举期间，特朗普的推特账号被平台禁言，这难道不是干涉政治、侵犯个人权利的行为吗？欧洲和日本为什么抵制互联网，因为保守主义党派对互联网超级企业的高度防范。今天，大数据某种意义下已经超越了所有的生产要素，成为最能链接能量、最能影响社会的核心战略资源了，如果是由以利益驱动的企业来掌握，就是涉及国家安全的问题了。

企业是有社会边界的，哪怕是做公益，也不是无边界的。所以发展到今天，互联网企业应该放下身段，切实关注相关利益者的利益平衡。

另外，企业最核心的相关利益者是用户。从用户的角度来讲，一些互联网企业某种程度上是在绑架消费者，剥夺消费者的选择权，利用算法算利，通过所谓的高科技来榨取消费者更多的利润。当然，互联网企业为消费者带来了很大方便，但同时因为整个商业模式不完全是用户导向、价值导向，使得消费者运用互联网越多，体验越差，失落感越强，获得感越弱。如何真正回归客户价值去进行产品创新、技术创新，而不是以榨取消费者更多的利润为导向，这是当前互联网企业普遍面临的问题。

以 BAT 为代表，互联网企业现在实际上是控制了两端，一端是 C，一端是 B，本质上是整个经济被互联网企业绑架了。比如，平台网站的收费搜索，你不交钱它就把你屏蔽掉，比如，我经常查某个古董知识时，给我推的都是古玩店，等等。这就是典型的算法算利。用户和企业都被互联网平台利用大数据、利用流量平台给绑架了，这给消费者带来的哪里是价值体验，而是更复杂和更多的成本。工业文明时期，传统企业是产品导向，互联网时代表面上是客户价值导向，实际上变成了盈利导向。

从生态合作伙伴来讲，互联网企业通过资本优势和流量，垄断了渠道，使得产业生态构建不起来，最后你把实体经济都给挤压掉了，导致了“双输”。按道理互联网的核心价值观应该是生态、利他，实际操作上却回到了“丛林法则”、零和博弈，最后会形成巨大的垄断，就把生态破坏掉了。

数字化时代，我们提出要进行新商业文明建设。新商业文明的本质就是相关利益者的价值平台，就是生态建设，互联网企业要反思自己是否真正在做利他的生态主，还是在以生态之名进行破坏和掠夺？

工业文明时期，传统企业是产品导向，互联网时代表面上是客户价值导向，实际上变成了盈利导向。

三、如何真正为社会培养人才、输送正确的价值观

第一，从人才的角度、员工的角度来讲，互联网企业的员工进行工作时在某种意义上很多不是基于理想信念，而是基于收入高。再一个，互联网企业一直面临着规模扩张的压力，资本赚钱的压力，高工资的压力，导致互联网企业的员工都很拼，“996”成为一种常态。

我们提倡奋斗，但不提倡以牺牲员工健康为代价的奋斗，也不能把“996”作为一种文化。互联网企业最大的人才问题是对员工“吃干榨尽”，制造人才泡沫。从互联网企业的办公场景、办公环境来看，对员工的关爱要比工业企业好得多，确实能体现人文关怀，而且互联网企业在对员工的激励上比工业企业有更多的创新。但是从骨子里面，互联网企业还是把员工当成工具，以“吃干榨尽”为目的。一是表现在人才聘用上是“掐尖”和“割韭菜”的方式。“掐尖”就是用高待遇方式大量招揽“985”“211”

学校的人才，招来之后并不是用培养的心态来让他们在工作中得到专业能力的成长，而是“吃干榨尽”，熬成“药渣”抛给社会。比如，新业务没做起来，就把整个部门裁掉，把人才再抛向市场。整个人才机制是利润导向，是单一的结果导向。二是制造了人才泡沫，就是给年轻人不切实际的期望，助长了浮躁心态。很多实体经济的老板跟我谈到，现在的应届毕业生们宁愿去互联网企业当 6 个月或 1 年的“工具人”被开掉，也不愿意去民营实体企业从基层一步步历练专业。还有一种情况是，实体企业把人才从刚毕业的职场“小白”刚刚培养成职场人才时，就被互联网企业高薪挖走了，因为互联网企业往往一上来就许以两到三倍的高薪，这就导致了“人才泡沫”：人才的期望不切实际的高了、成长的心态坏了。

第二，从组织的角度来讲，人才泡沫和价值观扭曲的问题，核心原因在于平台 + 自主经营体的组织模式下，组织没有承担应该承担的责任和功能。自主经营体是不可能算文化账的，不可能算社会责任账的，如果平台不强化文化上的赋能和价值观认同的话，是不可能看到自主经营体贯彻文化价值观的。因为独立核算、自负盈亏的自主经营体就是纯粹的利益导向，只能算自己的经济账。而价值观的承接、社会责任的承担需要在平台层面进行顶层设计和系统安排，这是互联网平台型组织目前比较缺失的地方，就是我们发挥了平台化的规模优势、资源集中配置的优势、为经营体赋能的优势，但是没有解决平台 + 自主经营体组织如何传递和落实文化价值观的问题。同时，平台化组织还有一个问题是，在关系到公司经营风险的重大事件方面是没有应急方案的，对突发事件的反应速度比较缓慢，因为没有人承担责任，找不到责任人。“阿里 807 事件”中，虽然在内部钉钉群中有 7000 多人关注、讨论这个事件，大家都想承担责任，但实际上涉及价值观的事情不是靠自组织来解决问题的，它一定是一把手的责任，是靠最高层来处理的事情。

四、如何完成从创始人文化到企业文化，从创始人团队到接班人团队的转型

我国互联网企业尽管总体上成立时间不算长，但由于技术更迭速度及企业发展速度很快，与实体经济一样，其实也面临着从一代创业者到二代接班人过渡的种种问题。从第一代创始人团队到第二代领导团队，的确会有很多不一样的地方。比如，对社会舆情，对一些突发危机事件，从 0 到 1 把企业做起来的创始企业家往往会比二代职业经理人更敏感、更有危机意识。另外，平台化 + 自组织充满活力，但在处理危及公司声誉的紧急突发事件方面可能缺少执行力度，缺少集中配置资源的能力。

平台化+自组织充满活力，但在处理危及公司声誉的紧急突发事件方面可能缺少执行力度，缺少集中配置资源的能力。

我认为，要完成从一代创始人到二代领导人的过渡，**还是要回归到企业经营的底层逻辑，尊重常识，回归价值观，进行一个重要的动作，就是重构整个企业的顶层设计和价值观系统。**通过重构这个动作，唤起组织成员对原有的价值体系的思考，进行文化价值观的升级，从创始人的文化走向组织文化。这并不是说要去掉第一代的特色，而是回到企业文化的继承与创新命题上来。一代人有一代人的使命，一代人有一代人的文化背景，既要继承创始人的一些优秀的文化品质，同时要赋予企业在新的环境下，新的企业量级下的新文化要素。至少要对文化有新的诠释，达成新共识。

其实，进行文化价值观的升级，还有一个原因是，环境发生变化了，企业所承担的角色发生变化了。比如，企业创始的时候是为资本服务，先赚钱，但当企业已经获得巨大利益、巨大资源的时候，企业的使命一定是为社会、为国家、为客户、为股东贡献价值，而不仅仅是为股东赚钱。

总体来说，我认为互联网企业发展到今天，面对新的环境，要进行三个方面的转型升级。

第一，文化与战略升级，文化上要回归到价值观，战略上要回归到可持续发展、高质量发展，而不是一味追求做大，形成垄断，商业模式要回归到相关利益上的价值平衡，要让政府放心，老百姓满意，产业生态和谐，要承担社会责任，股东也要赚钱，这是毫无疑问的。但我注意到，互联网企业有一种倾向，就是认为文化很虚，管理很无用，现在面对新的监管环境和社会舆情环境，互联网企业又进入了一个误区，就是因为急于转型，又用起了自己最为擅长的一招：砸钱做慈善。事实上，**企业要承担先富带后富的共同富裕的责任，最重要的是从企业底层的价值观上转变，要有社会价值导向，从资本驱动走向社会价值驱动、创新驱动与人才驱动。**

第二，公司治理结构与组织模式变革。平台化组织＋自主经营体的组织模式有它的优越性，有它的活力之所在，但问题是缺乏思想的统一，指挥权的统一。

从创始人团队到接班人团队，要重构企业的治理结构。治理结构主要是决策机制，创始人团队主要靠领导决策，创始人有自然影响力，但接班人团队虽然有形式上的合法性，但它可能不具备自然影响力。这种情况下，要靠组织治理变革，主要是决策机制的变化。如果不能完成从领导决策到集体决策的转变，二代领导人团队是缺失统一思想的能力和指挥权的。所以一是要重构思想，在价值立场上达成新的共识，二是要重构规则，重构是非判断标准和程序。如果整个高层没有思想上的共识、没有规则的重构，慢慢地也会走向传统企业的“大企业病”——山头主义、官僚主义，组织就不能协同，都只有局部利益担当而没有整体责任担当。

第三，绩效导向和考核机制要改变。组织的考核机制、KPI

指标、激励机制必须要是长期价值导向，而不是短期利益导向。一是建标准，你的考核标准要反映价值观的要求。干部选拔标准、人的行为的评价标准，还有激励标准，你激励什么样的人，鼓励什么样的行为，这些都要明确。二是重塑组织的文化氛围，当然这跟公司治理结构与组织模式的变革有关系。三是人才机制，用人的标准，KPI 考核的导向，干部队伍建设与继任者计划，等等。

小结： 中国互联网企业，在过去的十几年里，还处于“野蛮成长”阶段，没有真正基于文化价值观的成长，基于文明的成长，基于符合人性的成长。但任何一家企业真正要构建成长的坚实基础还是要靠价值观，成就伟大企业的核心力量仍然是文化价值观的力量。没有文化价值观的成长，企业不可能走长久，也无法实现从“大”到“强”的跨越，尤其是没有长期价值理念的企业是不可能基业长青的。

成为伟大的企业一定要构建价值观的根基，要依靠文化的力量。中国互联网企业真正要转型，要真正成长为大而强、受社会尊重的伟大企业，必须构建明确的价值观体系，要基于价值观对企业有顶层设计，要有长期价值主义思维，另外要相信文化的力量，要回归到文化的力量。只有依靠价值观和文化才能走远，文化管理才是管理的最高境界，这是根子上的问题。同时，企业要真正下功夫去夯实文化根基，文化不是喊在嘴上的功夫，不是挂在墙上的文字，文化必须要落地。

聚焦

CHINA STONE

怎么架起人才和资本之间的“桥梁”？济南找到了一个基于人才价值的人力资本服务产业发展的出发点和落脚点。

——张维国

一切为了价值创造
基于价值构建人力资本产业生态

编 者 按

长期存在于人才工作中的痛点问题是人才如何借助资本的力量，展现价值、发挥价值、创造价值。人才在创新创业的过程中对接资本难度比较大，根本阻碍在于人们较容易量化一件事情的潜在价值，却难以量化一个人的潜在未来价值。直接投资于人，是创新之举，也是冒险之举，如何科学合理地评价风险、最大限度地防范风险，这就需要从人才的评估与测量入手，让“人才有价”，让人才的潜在价值和价值创造潜力可以量化。济南人力资本产业研究院正是从这个痛点和难点入手，在济南市政府的支持下，致力于探索一套基于价值的人才评估与测量方案，架起人才和资本之间的桥梁，引领社会各个行业创新发展的潜力取得突破，助力中国经济向创新驱动、人才驱动经济发展转型。

2021人力资本产业
“智三角”论坛
数智化时代人力资本产业生态构建
ECOLOGICAL CONSTRUCTION OF HUMAN CAPITAL INDUSTRY IN THE ERA OF DIGITAL INTELLIGENCE
中国 · 北京
2021年8月22日

内容来源：“2021人力资本产业‘智三角’论坛”，2021年8月22日

嘉宾介绍

彭剑锋

华夏基石管理咨询集团董事长
中国人民大学劳动人事学院教授、博士生导师

张维国

山东省济南市高新区管委会副主任
济南人力资本产业研究院院长

李海峥

美国佐治亚理工学院教授、中央财经大学中国人力资本与劳动经济研究中心特聘主任

饶　征

华夏基石管理咨询集团执行副总裁

韩俊杰

济南人力资本产业研究院副院长

基于价值的人力资本解决方案：平台 + 生态

■ 作者 | 张维国

在 2021 年举办的第二届人力资本产业“智三角”论坛上，我分享的主题是基于价值的平台 + 生态解决方案。关于价值管理，受彭剑锋教授的启发比较大。剑锋教授在多个场合分享了价值管理，特别是对企业的价值创造、价值评估、价值分配提出了很多真知灼见，对济南发展人力资本产业有非常大的启发意义。

济南市在全国率先探索发展人力资本产业，一方面是顺势而为。国家发展进入新时期，对人力资本或人才要素在产业中的地位、作用有了新的要求和更高期待。党的十九大提出，加快建设制造强国，加快发展先进制造业，推动互联网、大数据、人工智能和实体经济深度融合，在中高端消费、创新引领、绿色低碳、共享经济、现代供应链、人力资本服务等领域培育新增长点，形成新动能。可见，发展人力资本产业是顺应新时代发展的大趋势。

另一方面是发展人力资本服务产业来源于问题导向和目标导向。我长期从事人才工作，发现人才工作中存在很多痛点、堵点和难点，比较突出的是人才和资本的对接问题。人才在创新创业的过程中对接资本难度比较大，**怎么架起人才和资本之间的“桥梁”？济南找到了一个基于人才价值的人力资本服务产业发展的出发点和落脚点**。通过近两三年的探索实践，我们认为基于人的价值发现，可以架起人才和资本之间的“桥梁”，还可以引领社会各个行业的创新发展及潜力突破，也能够在人才资本服务产业发展的过程中培育出新的经济增长点，形成新的经济动能。

发展人力资本事业，是政府、企业、研究机构等社会各方共同的创业过程。济南在培育人力资本产业的过程中体现了“五业同进”。济南 2019 年找到了产业的方向；2020 年画出了产业的航道，也就是产业目录；2021 年打造出了平台和生态。

一、人力资本产业方向：五业同进

（一）事业

济南人力资本产业研究院在人力资本产业实践探索中，一方面得到了政府的支持，政府发挥了对产业的引导作用，另一方面被赋予了新的市场化运营机制。研究院是全国第一个专门研究人力资本产业的机构，使命是打造一个有利于人力资本产业成长的生态。

如基于人力资本价值评估定价打造金融创新链，需要银行授信、保险担保，为了坚定信心，政府启动了补偿政策，同时有基金参与，初步形成了济南人力资本产业金融创新链。

人力资本产业金融创新链是基于人力资本价值的评估，基于人的信用的综合量化，架起了人才和资本之间的“桥梁”。这个“桥梁”的打通是一个比较大的创新和突破，改变了金融产品供给侧的供给。以往的金融产品主要以债权为基础，现在我们所促进的是基于人的价值，也就是基于信用的逻辑基础。这一创新获得了中国人民银行、科技部等多家单位的支持，也切合了李克强总理 2021 年 6 月在山东考察时对中国人民银行提出的要求，“金融机构不仅要把知识产权作为融资担保的依据，而且要研究将人力资本作为授信额度担保的重要依据”。也就是说，每个人都应该在金融的视野中拥有价值，都可以和金融进行对话，对话的平台依据就是人力资本的价值。人力资本要作为授信额度担保的依据就必须量化，济南人力资本产业研究院这几年做的事，就是把人力资本价值的量化呈现出来了。

> 身价是基于一个人过去、现在和未来的创造力、影响力和信用度的综合量化体现。

（二）产业

济南对中国人力资本产业方面的贡献之一，是促进人力资本服务业纳入国家产业目录。2020 年 1 月 1 日正式实施的新的国家《产业结构调整指导目录（2019 年本）》关于人力资本服务业的相关内容，就是济南在人力资本产业探索的过程中总结出来的。其中第 4 条，明确提到了人力资本价值的评估、评测、交易，人力资本价值的统计、分析、应用，人力资本形成过程中的各种投资活动，以及人力资本经营创新平台的建设等，清晰地描绘了国家发展人力资本产业的路径和方向。

济南发展人力资本产业用了一个词叫“身价”，身价是基于一个人过去、现在和未来的创造力、影响力和信用度的综合量化体现。相当于对每个人做估值，这是推动人力资本产业发展的一个根本逻辑。

围绕人的价值和人的信用的评估，济南总结出基于信用的价值确定应用场景：第一个是“确信”，通过价值评估确定信用价值；第二个是“授信”，银行和平台根据信用价值提供“授信”；第三个是“增信”，保险担保、风险补偿予以“增信”；第四个是“用信”，人才基金根据人才价值给予支持；第五个是“践信”，在“用信”中履行承诺；第六个是“采信”，“践信”积累大量数据用于“采信”；第七个是“计信”，在创造价值中累计信用；第八个是“证信”，对信用价值进行公证。“八信”反映了人的价值的形成、评估、分配、提升等全过程的应用，构建了以“信”为主线的人力资本生态。

这个理念得到了银行的广泛认可，多家银行和平台签了协议，共同创新一些新的金融产品。人力资本产业逻辑是把人才、资本和项目精准对接，需要打通的是“贷”的逻辑、“投”的逻辑和其他围绕资本精准对接的逻辑。

（三）企业

产业的形成需要企业等多个市场主体的参与。一方面要培育围绕人力资本产业方向的原生企业主体，如人才有价平台，以及与人力资本服务相关的企业，共同创造新的产品，创造新的服务。另一方面要符合人力资本产业生态的市场主体，如华夏基石这样的企业，能做高端人力咨询，能提供解决方案的企业。人力资本产业的企业主体有三方面：人才测评、人才大数据、人才教育培训。人才教育培训不是指基础教育培训，而是立足于职业能力提升的教育培训，包括健康促进、知识产权、双招双引、人才价值交易、理论创新等。三个方面的企业主体，通过“育、创、引”三种方式推动发展。

围绕“育”，我们从人才测评着手。首先在济南落地了一个“先锋有价”的理念和产品。先锋是指共产党员先锋队，先锋队是组织和个人相互赋能的一种逻辑，我们和银行联合打造了产品，专门针对这样一个先进的群体，或者有特色标签的群体开发一些应用场景，我们叫“先锋有价”。我们和银行达成的统一意见是，只要是党员就有 10 万元额度的基础信用，银行信用卡除了金卡、白金卡、钻石卡外，再添加一个“红色”信用卡。同时，我们针对大学生设计了“学子有价”项目，针对律师设计了“律师有价”等。通过对这些特殊领域人才的培育，打造一批“独角兽”企业。

（四）术业

第一是专业的培育和建立；第二是理论的拓展和提升。我们和山东青年政治学院通过“校企合作”开办了人力资本专业方向的本科班，已经录取了两批；和山东大学共同进行人力资本产业方向的研究生培养；和李海峥教授落地了中央财大的博士生实践基地。围绕着产业我们开展了标准研究。2021 年 3 月人力资本价值评估指南、人力资本服务的术语等标准正式作为团标进行发布。虽然发布了，但是推广和进一步的研究深化还有很长的路要走。

科技部对济南基于人力资本价值的创新给予高度认可。从 2019 年开始科技部火炬中心每年在济南举办一场人力资本产业论坛。2019 年围绕着人力资本价值指数做了研讨，2020 年是人力资本的金融创新，2021 年我们给科技部火炬中心汇报的主题，也是今天我们探讨的主题——平台和生态，2022 年将围绕着产业的统计、产业的呈现进行研讨和推进。

（五）创业

人社部对于人力资本的创新也给予了关心和支持，在重庆召开了全国首届人力资源服务业发展大会，济南 2019 年召开了人力资本服务业大会，2020 年 1 月 11 日召开了全球首届人力资源和人力资本服务业大会。客观来说，政府层面的支撑相对滞后一些，人力资源服务业已经发展几十年了，才首次开国家层面的大会。希望后续能在国家层面得到更多鼓励和支持。

以上简单回顾了事业、产业、企业、术业的发展，整个过程是大家共创的过程。山东省和济南市对人力资本产业发展给予了政策上的保障。《山东省人才发展促进条例》是去年通过的，里面明确提到县级以上人民政府应当积极促进人力资源和人力资本服务业的发展，培养人力资源和人力资本服务业的人才。2020 年全委会召开会议，报告里面也提到了山东要推广人才有价的评价机制，建立协同经营创新的模式，把这种经营创新的评价结果在银行授信、保险担保方面给予支持。同时规划建设全球人力资本产业中心。目前全球人力资本产业中心建设工作已经正式启动了，招商工作也已经开展。

山东省在“十四五”规划和 2035 年的远景目标中非常明确地提出了人才价格资本化、股权化的有效路径，打造全国人力资本产业高地。济南市将打造全国人力资本产业作为强省战略的重要任务之一，为促进这个产业的发展，专门实施了产业链“链长制”的工作方案。我们要通过不断地调度来推进这个产业的发展。

总的来说，通过三年的努力，一个有利于人力资本产业形成发展的生态初步呈现，**这个人力资本产业生态的形貌是：人才和项目是核心要素，它是政策、政治、结构、科技、运行等的结合；参与到里面的有企业、城市、园区、个人；把人作为一个产业的主体，所有的产品和服务都是围绕着人力资本价值的形成、评测、变现、提升，以及围绕价值来做的生态。**

二、人力资本产业支撑：平台 + 系统

济南人力资本产业研究院搭建了两个平台：全国人力资本产业公共服务平台和人力资本产业大数据平台；一个系统：HCM 人力资本管理系统。平台和系统是生态的基础，也是人力资本产业解决方案的支撑。

（一）全国人力资本产业公共服务平台

这个平台既是为政府承担打造或培育人力资本服务产业的公共职能平台，也是市场化的产品平台的母平台，相当于第四方平台。从政府来说是为人才工作服务，解决痛点、堵点、难点问题，做好支持性、公益性服务。

平台的搭建围绕人力资本价值进行设计，关于人力资本价值我们总结了以下六个环节。

> 把人作为一个产业的主体，所有的产品和服务都是围绕着人力资本价值的形成、评测、变现、提升，以及围绕价值来做的生态。

第一，价值形成。我们借鉴了彭剑锋教授的价值理论，剑锋教授主要是立足于企业管理中的价值理念，我们要更加宏观一些。每个人的人力资本价值的形成包括教育、培训、工作、创造等，而这些也是人力资本价值形成的场景，或者说方向和内容。

第二，价值评估。评估不仅是定性的，更多的是定量评估。我们的评估运用了济南总结出来的“四CAI模型”，才华的“才”、财富的“财”、出彩的“彩”、采信的“采”，从这四个方面对人才进行定价、评估、量化。

第三，价值兑现。我们希望有更多的应用场景，银行能够认可，基金能够认可，保险能够结合。应用是多场景的，社会的应用场景是非常丰富的，需要不断地探索和挖掘。

第四，价值提升。人才获得了价值的兑付以后，可以创造更多的价值，使自己的价值能够保值增值。保值增值靠的是不断地创造，需要保持健康，需要不断地提升自己的能力，人力资本价值提升的活动包括教育培训、健康促进、向着更高的岗位流动，也就是人才的迁移，工作的流动。

第五，人才流动。人才流动也是人力资本价值交易的一个方面，就像飞行员在不同公司之间的流动一样。我们倡导人才在流动过程中或者说人才在市场中、工作变化中建立补偿机制，这也是国家所提倡的。人社部下发的相关政策文件中要求探索人才流动中的正常和合理的补偿机制。比如，球员转会，上家要给下家付费。这种规则不管是在行业里，还是在区域里，需要建立并不断推广，使企业主体更加愿意为员工、为人才的成长进行投入。

第六，价值交易。要建立人才的价值交易所，实现人才价值直接交易。就像深交所、上交所一样，专门有一个交易所，对人才进行估值，制订一个规则，建立人才的价值可以上市交易的场景。对每一个有创业才能、创业想法的人才或者是团队进行估值，然后约定规则，选择一部分愿意让渡自己部分隐私接受公众监督的群体，进行交易，这个交易既有流动的意思，也有真正的人才 IPO 的理念。围绕着人力资本价值活动进行创新，是我们做公共服务平台所要达到的目标，或者说是我们的努力路径。

围绕着人力资本价值的全生命周期，有丰富应用场景。从出生开始，到幼儿有价，到天使有价，到人才有价，到退休以后有身价等，这些都是围绕着人才或者人的价值形成、评测、兑现、提升等这些环节所做的场景设计。刚才给大家介绍的“四 CAI 模型”，基于过去、现在、未来给人才进行估值，这个估值就是“综合身价”，根据岗位估算出一个搭配价值，我们叫作“岗位价值”，根据银行需求估算出授信额度，我们叫作“金融价值”。这三个价值与人的健康、人的创造创新能力是相关的。通过对关联指标的量化，得出相应的价值，根据价值设计应用场景。应用场景越多，越容易被认可。这是我们努力的方向。

我们进行价值评估后，凭人才的身价就可以获得相应金融支持。举一个案例，美核电气的创始人从美国回来以后创办了公司，现在他凭借自己的个人身价信用可以获得上千万的银行授信，解决了原来轻资产的公司融资难、融资贵的问题。全国像这种从海外回来创业的公司非常多。人才从国外回来带着满腔的热情，在对接资本的时候却感受到了阻力，因为没有抵押，没有担保，很难从银行获得认可。通过济南的人力资本的解决方案，帮他们成功地对接到了银行资本。这种解决方案的落地，对全国各地来说都是很有借鉴意义的。

公共服务平台链接了知识产权公共服务平台。知识产权是人才在“四 CAI 模型”里面非常重要的要素，人才团队能否得到认可和支持，知识产权是重要因素。

（二）人力资本产业大数据平台

这个平台一方面能够给政府服务，另一方面能够给企业精准地寻找人才，对接技术服务；同时还可以给个人提供服务，现在已经有了完全落地的应用场景。可以给人才画像，可以给企业画像，可以把产业链的全景展现出来，把人才政策和人才进行精准对接。

产业大数据平台已经得到了多个地方政府的认可。济南现在有的 230 万人才全部进入了这个平台，全国 1300 万高科技人才也在这个平台上。我们的理念是用这个数据平台 + 地方平台，和一个市、一个行业、一个园区做“加法”，把数据打通，实现“可用不可见”的共享，真正实现人力资本产业大数据平台更快地应用到各行各业各区域。

这个数据平台底层算法是：对地区人力资本的总量、结构、差距、效率等进行综合分析，把产业、人才、企业、机构等变成数据，并提出地方解决方案供地方决策使用，使招才引智、招商引资等都可以更精准。

（三）HCM 人力资本管理系统

济南提供的人力资本管理(Human Capital Management，HCM) 系统形成了企业征信、绩效考评、人岗匹配、身价兑付等解决方案，华夏基石在这方面有很多落地的应用场景和应用产品，也可以很好地结合，特别是剑锋教授对于华为管理理念的总结。华为是一家大公司，人力资本价值的理念落地得非常好。我们也非常期待能够把华为的人力资本管理理念、人力资本价值的应用和平台更好地结合在一起。

三、产业生态赋能

以价值为核心，围绕着事业、产业、企业、术业、创业构建一个生态，不仅企业要做，而且要把政府的力量、企业主体的能动性、人才及各种要素的需求融合起来，也就是说把政府、行业、企业、个体等进行整合，各方既是生态的参与者、贡献者，也是生态的共享者。

（一）事业赋能

济南高新区推出了一个非常具有创新性的产品，现在已经落地了，就是“CAI 易贷”。前面说了“CAI”是从四个角度来评价的，我们推出的“CAI 易贷”是基于财政工作的需求。地方政府为了吸引人才创新创业、招商引资，对很多项目和创业企业给予政策奖励扶持，人才、团队、企业希望能够及时甚至提前获得支持，而财政拨付的周期相对较慢。“CAI 易贷”基于“四 CAI”，与银行的贷款条件匹配起来，把政府应该给企业和团队人才的奖励扶持作为应付账款，应得方作为应收账款，既解决了财政的问题，又满足了受奖励扶持方的需求，受到了企业、人才、政府的欢迎，银行参与度也非常高。这是一个能够快速向全国推广、复制的服务模式。

> 围绕着人力资本价值活动进行创新，是我们做公共服务平台所要达到的目标，或者说是我们的努力方向。

目前，我们承接了政府、企业、银行、园区之间作为增信的主体，通过一定的方式作为资本方的中介平台，实现了一个闭环。这个闭环基于财政应付、应收账款，也可以基于人才团队的荣誉，就像人大代表、政协委员、劳模等这些称号都可以作为信用，按照一定额度和银行、保险做链接。

（二）产业赋能

人力资本产业越来越成为一个庞大的体系，围绕着人力资本服务的应用场景和能够形成产业的新的增长点非常多，我们作为一个引领者、一个推动者，找到了最核心的、价值链上最高端的一部分，需要有更多专家学者和市场主体共同努力、共同推动。

（三）企业赋能

过去两年我们取得了一些成绩，也使人力资源、人力资本产业作为一个新产业的优势凸显出来——占用资源比较少，产出比较多，又能够产生价值。前不久我们与山东东营市正式签约，计划按照济南培育人力资本产业的模式把东营打造成一个“有价”城市，像济南一样。另外，像绍兴、重庆等全国几十个城市也期待着尽快把济南为人才、为政府的解决方案在当地落地。

（四）术业赋能

人力资本产业需要更多的人才参与，我们正在和中国人力资源开发研究会共同推动人力资本产业新职业的建设。国家对于人力资本发展也充满了期待，国家在“十四五”规划里面提出了要加大人力资本的投入，培育方方面面的人才。

（五）创业赋能

人力资本产业是新理论、新产业、新业态、新服务、新增长、新机制、新模式，需要政府的支持、专家学者的参与、市场主体的投入，也期待着济南开出的第一朵“人力资本之花”能够在全国各地不断盛开，需要大家共同的努力。

济南人力资本产业研究院作为管理者、运营者、参与者，我们打造了平台、产品、系统。除了“人才有价”平台之外，还要围绕着“才有价”“创有价”两个平台。“创有价”是围绕着各种创业大赛，为风投机构服务的平台，让资本能够更加精准、更加快捷地对接到人才和项目；“才有价”是让各类人才的知识产权、发明创造更好地展现到平台对接的渠道。

这是一个赋能的事业，涉及人才、企业、园区，虽然说起来很大，但总得找到落地的产业化的应用场景。围绕这个方向，使资源相互赋能，共创新的产品，新的服务场景，最后为社会创造出一个新的富有前景的经济增长点。

聚焦“人才有价”，基于自身核心价值构建产业生态

■ 作者 | 彭剑锋

推动人力资本产业化是一项伟大的事业，需要有大情怀，济南人力资本产业园第一个在中国进行人力资本产业化的探索和创新，体现出大情怀。这是我想表达的一点。下面我从对中国人力资本产业化的观察，谈几点看法。

一、从问题导向转向战略导向

人力资本产业能不能成为未来中国经济的新增长点？能不能推进中国经济的转型升级，真正实现创新与人才的驱动？关键还在于整个人力资本产业的发展要从过去简单的问题导向，真正转向战略导向。

人力资本产业这个概念提出来以后，现在已经纳入国家的宏观发展战略，作为未来经济的一个新的增长要素。各地都在搞产业园，“一哄而起”，但客观地讲，真正扎扎实实建标准、建系统、建平台，真正具有战略导向思维的产业园还不多。所以**中国的整个人力资本产业真正要实现跨越式发展，还是要重新回归到使命愿景，对人力资本产业做一个新的战略定位。**

如果从客户是谁、为谁创造价值出发，人力资本产业有四个层次：一是为中国经济转型升级，为高质量发展作贡献，提供创新驱动与人才驱动。二是服务于产业发展，与当地区域经济相结合，为推动区域经济产业发展，提升区域的产业竞争力作贡献。三是服务于企业的成长。四是服务于人才的价值发展。实现这四个层次，归根结底还是要聚焦到客户是谁，只有把这

个问题思考清楚，才能有所为有所不为。

这几年，产业园的概念都提得很大，思路都很开阔，但是客观地讲，中国的人力资本，尤其是以政府为主导的人力资本产业园，本质上还没有找到真正的商业模式。济南产业园作为中国人力资本产业标准制定、理论和实践研究的探索者，最终要成为一个具有自造血功能、服务于整个社会、服务于企业人才，能够创造价值的产业体系，要有所为有所不为。

现在，“口子”已经打开了，人力资源产业前景广阔，济南人力资源产业园究竟能干什么，哪里是切入点，要形成什么样的真正的商业模式，要构建一个什么样的服务平台以及打造一个什么样的生态，恐怕需要重新进行战略定位。如果没有一个清晰的定位，最后“口子”开得很大，但落不了地，不能真正创造价值，这是最让人担心的。

二、聚焦“人才定价”这一痛点

第一，围绕“人才定价”这个痛点建立起一套人才定价标准和技术体系。

从人力资本产业服务的核心来讲，我赞成维国主任提出来的基于价值管理的人力资本解决方案。围绕人的价值管理，从企业的角度来讲，有三个环节：价值创造、价格贡献、价值分配；从完整的人力资本价值链来讲，包括五个环节：人力资本的价值发现、人力资本的价值创造、人力资本的价值贡献评价、人力资本的价值实现、人力资本价值的发展或者叫人力资本价值的增长。

但并不是说五个环节都要做，现在面临的首先是人才如何进行价值认定的问题。这方面，社会上缺乏标准，缺少对人才进行价值认定的一套体系，这是需要下功夫的，济南产业园的切入口、突破口就在这里。要真正创造一套标准、开发一套技术，让企业和社会都认可，并且在全国乃至全球起到引领作用。比如，在平台上建立可以信赖的全国人才定价中心，做到这一点就有价值了。

从全国来看，现在的整个人才评价体系搞复杂了。我认为，不要搞几十个甚至上百个指标，越复杂的东西越不具有操作性，开发三五个、最多不超过十个指标的人才评价体系，大致做个定价就可以了。当然，这需要打破做学问的局限，一做学问就搞复杂了，这个也需要，那个也需要，最后不适用。其实不可能完全对各类人才做非常精确的定价，但做一个模糊的判别还是可以的，比如，能力强还是弱、好人还是坏人、是否值得信赖等，集中在这几方面有所突破，建立一套可信赖的人才基本评价标准，给人才定价。或者也可以先建立人才信用价值体系，比如档案，现在很多的人事档案有真有假，不一定值得信赖，要做到从济南产业园出来的档案一定是可信的。

总之就是不要试图什么都干，也不要搞复杂了，导致不具备操作性。这是从商业模式的角度来讲。

第二，人才定价一定要和金融结合，实现信用定价。

人才定价和金融资本结合就是通过信用定价，银行就敢放贷款。如果济南产业园把这个事做实了，在中国甚至全球就能率先走出一条路了。

银行虽然现在也可以给人才定价，可以贷款，但最终还是解决不了风险控制的问题。如果济南产业园能够解决这个问题，就解决了中国的科技人才、企业家人才创业缺乏资金支持的问题。因为不需要抵押什么，只要开出信用证明就可以贷到款。当然，将来还可以在这个基础上创造一个人才信用保险基金，万一信用证明开错了，保险公司负责理赔，承担连带责任。从这个意义上看，对人才进行几个核心能力，或者某一方面的能力评价就够用了，聚焦可不可信、道德如何这样的公用能力进行开发，不用太精细化。所以，其一，开发出一套可操作的指标对人才进行价值认定；其二，把人才定价和金融资本结合在一起，真正让银行敢贷款，而且保证不会赔到哪儿去。如果能在这两个方面真正做实的话，就有了可操作性。

第三，建立一套大数据体系，实现资本与人才的精准对接。

在数智化时代，要实现企业和人之间、和产业之间的精准对接，现在所面临的问题是彼此之间信息不对称，如果能利用政府的力量在全国建立一套大数据系统，是很有价值的。济南产业园从服务于企业的角度来讲，至少可以先建立山东省的人力资源服务业大数据平台，辐射到周边，再辐射到全国。

三、构建生态和平台的前提是找到自己的核心价值点

一个人力资本产业生态的建立，必须具备几个基础条件：一是要有可供生态用的公用技术，这个技术能够共享；二是要有通用的大数据；三是要有通用的基础平台。

生态的重要性在于，对他人有用，能利他共享。济南产业园要思考的是能够为整个中国人力资本服务业提供什么样的价值？要构建生态，客户就不能只是企业、不只是人才，而是要面向整个人力资本服务业。

作为生态的构建者，要么能提供技术，要么能提供市场信息，要么能提供基础平台，总要有一项核心能力，这个核心能力要为产业创造独特价值。如果找不到这个价值点，构建生态是没有用的。如果能够解决“让人才有价”和“让人才融到资”这两个核心问题，济南就有可能变成全国创新创业的一个中心。同时，为企业提供服务，就要提供精准的流动服务，人才配置服务。

在济南产业园的努力下，国家层面已经建立了相关标准，这是济南产业园对人力资源服务业的贡献。

我想未来的难点有三个：一是人力资本怎么量化；二是人力资本如何实现金融化；三是如何从企业的角度真正实现人力资本的产权化。如果能在这三点上实现突破，就可以真正基于人才价值管理提供系统解决方案。

人力资本定价如何“顶天立地”

作者 | 李海峥

关于产业生态，以及一系列生态的建立，有几点比较重要的问题，这些问题可能对未来发展起到一些根基性作用。

刚才维国主任讲到的人力资本价值的交易、人力资本价值的兑现，其中非常重要的一点是对价值的准确评估。对人力资本价值的评估，就和现在人力资本研究的科研工作结合得非常紧密。从基础研究出发，我认为有几个问题需要去解决。

一、如何把握人力资本个体的动态发展轨迹

人本身是非常复杂的，人力资本在人一生中的变化，以及相应的动态又是一个更为复杂的问题。研究个人的人力资本如何提升，对一个国家来说非常重要。因为它牵扯到整个劳动力的素质和生产效率，在老龄化、少子化的时代，人力资本的提升能不能解决劳动力素质和生产效率提高的问题，或者能不能弥补、延缓老龄化和少子化带来的影响，是宏观政策研究非常关心的问题。而这些宏观的人力资本研究，又建立在微观的、个体人力资本动态的基础之上。只有对个体人力资本有了深入的研究，才能够加载到宏观层面。这个研究就包括，基于个人人力资本发展的人才定价，或者人力资本产业这样一个生态的平衡。

无论是宏观还是微观，对于人力资本个体动态发展问题的研究是定价非常重要的方面。对人力资本的定价有多种，如按照教育程度、健康情况等，这些都是度量方式，但是比较常用的综合度量方式都是建立在个体的工资基础之上，因为工资代

表生产力，在市场中是对人力资本的一个综合评价。

人力资本定价的整体体系是建立在个人终身价值的基础上，而终身价值的体现要通过货币的方式表现出来，就是把终身可能得到的收入通过货币形式折现计算出来，因此基础研究对整个平台的深入发展，继续提升非常重要。按照国家自科基金的说法就是“顶天立地”。产业发展、顾问咨询甚至整个人力资本产业的推进，一定要有根基，这个根基就是和这些相关的研究。**只有对人力资本发展的动态轨迹把握得很清楚，才能对人力资本的定价把握得很准确，才能使这样一个定价的市场价值、金融价值、保险价值有更科学的依据。**

二、建立在科学基础上的定价体系才能具有公信力和普适性

这个评价依据还不完全是对某一个人定价数值差别多少的问题，比如，用很粗略的方法对一个人核算，得出的价值是800万元，而用很精确、很科学、很复杂的方法算出是850万元，这个数字看起来差别不大，但是它包含的实际内容就有了本质性的差别。即使两个定价算出的价值是一模一样的，都是800万元，但是建立在科学基础上的定价方式才会得到各界（学术界、产业界和政府界）的认可。所以基础研究和相关的科学研究不完全是数字上的问题，而是理论基础的问题。

我们在经济管理中的很多研究都是在证明一些大家很清楚的东西，但是如果能用数据把同样的结论或者大家基本上能够想到的同样的东西证明出来，那就有了很大的价值。所以，未来发展可能需要进一步重视基础研究，基础研究直接应用到个体人力资本定价上，使得这个定价建立在一个科学的体系之上，能够被各界所接受，能够经得起来自各界的检验，这样就会有非常坚实的基础。

举个明显的例子，比如，我们可以用1分钟计算出一个人

的大致价值，也可以通过实验室测试，通过各种很复杂的模型计算出一个大致的价值，显然依托于后者计算价值的证书就有更强的公信力和接受度。就像托福考试给你的是一张托福成绩的证书，这张证书可以在全世界证明你的英语能力一样，假如我们的人才定价，将来可以发银卡、金卡、钻石卡，这个卡给人的价值能达到像托福成绩一样的公信力的话，市场价值就非常大了。

再如，有一次我从湖南坐高铁回来，坐的是商务舱，有专人带着上高铁，当时还有一个人拿着一张卡，用这个卡完全可以享受商务舱的待遇，而且不用买票，这就是人才绿卡。人才绿卡因为有政府背书，这个卡片就会有真正的价值，有了真正的价值才会有市场价值、金融价值、保险价值，包括可以直接用它进行人才贷款。所以说，要把现在的人才定价模型往前升级，从 1.0 版升到 2.0 版、3.0 版，使相应的定价证书能够得到更广泛的认可，有更实际的价值，这和软件、计算模型是密切相关的。

假如我们的人才定价，将来可以发银卡、金卡、钻石卡，这个卡给人的价值能达到像托福成绩一样的公信力的话，市场价值就非常大了。

三、通过个体测试和基础数据多方面测度人才价值

我们团队对这方面进行了大量研究。我们一直认为，中国现在还缺乏相关的测试，而 OECD、欧盟国家都有很多专门的测试。比如，同样是中央财经大学的博士生，他们的素质有什么差别，就需要专门测试。和这个测试相关的一系列实验室都可以建立起来，使得除了从教育程度、工作经历之外，可以从多方面测度价值。同时，在测度过程中可以更准确地进行抽样，得到基础数据。这是因为，对于一个 30 岁的人，要推断他一生的价格，需要统计很多参数，以统计出来的参数作为估算的基础，而随意得到的参数可能会带来很大的偏差，至少没有统计意义的支持。因此，对于基础数据的采集，以及这些基础数据对于人力资本发展动态过程的模型化，是非常重要的。

产业园可以考虑建立与人力资本研究相关的基础数据库，这些数据有国际系列借鉴和参考，本身就能够在学术界和国际上建立声誉，是提升自身口碑和知名度的好办法。

比如，可以借鉴的国际上所采用的系列测试：OECD 的 PIAAC 项目在全世界 30 多个国家测试人的文字能力、数字能力和解决问题的能力；欧盟的项目，测试人对复杂问题的解决能力。把这些测试和相应的个体信息进行提取结合，建立人力资本研究实验室，就是非常有影响力的基础研究数据库；实验室也可以纳入基础性的宏观统计数据，来进一步完善人才定价的模型和参数本身。有了这两样基础，别人无法复刻和模仿，因为它已经具备了垄断的特质。在这个基础上，将来高端人才定价方式以及所发放的定价证书，都可以通过在实验室认真地测试之后，发一个真正的有信誉的证书，这个证书大家都是承认的。

现在，在产业基础和整个行业发展非常快的人力资本基础上，把研究进一步往前推进，使其能够可以“顶天立地”，能够有很好的根基。在这个根基上，建立一个人力资本实验室，采集真正有国际影响力的、国际通用的、可以跨国比较的人力资本研究的统计数据，同时建立国际上通用的测评方式和对于不同技能，特别是对成人（教育程度一样的人）的测评方式。最后，除了形成测试本身的两种产品之外，还可以形成人才定价的价值证书产品。这样一来，实验室既有本身的市场价值，同时又能支撑整个生态的发展，这可能对未来的发展潜力提升是一个重要战略。

个体人力资本生态经营的三个维度

■ 作者 | 饶 征

华夏基石一直在人力资本产业的生态构建方面努力研究和探索。近年来，在三个方面取得了较大进展：一是在个体人力资本经营方面的研究，重点探索了个体人力资本生态经营构建的内容和方法；二是在企业人力资本经营方面的研究，重点探索了企业人力资本价值增值的生态构成及其运营机制；三是在区域人力资本或城市人力资本经营方面的研究，重点探索了区域人力资本产业价值链经营的生态构成及其区域人力资本产业竞争力生态环境营造要点。本次论坛我想重点谈一下华夏基石在个体人力资本生态经营方面的研究和探索。

个体人力资本经营主要表现在三个方面，即职业能力经营、职业信用经营和职业品牌经营。因此，个体人力资本经营的生态构建应围绕这三个方面展开。

一、职业能力经营

在职业能力经营方面要从解决四个问题入手。①从哪里获得职业能力和不断提升职业能力？②如何发挥职业能力？③职业能力经营需要怎样的生态？④社会如何经营这种生态？

职业能力，包括职业知识、专业知识、专业技能、专业经验等。职业能力，除了来自人才从小从各级学校获得的知识外，更重要的是从企业继续教育中，从个人职场演变和历练中，使得自己的专业知识和技能不断得到丰富和提高。因此，在个人的职业能力经营中，职业经验的获取是至关重要的。

职业经验与职业履历密切相关。在职业履历中所获得的经验必须与知识技能融为一体，才能促使职业能力不断提升，这里涉及职业履历与个体人力资本价值经营的关系问题。只有将知识、技能、经验融合得很好，才能促使职业能力不断提升。就个体人力资本而言，在每一份工作中，每一次职业经历，每一次跳槽，能否带来个体人力资本价值增值，这值得思考和研究。当个人在某企业工作若干年后，知识、技能、经验得不到发展的时候，个体人力资本价值是否还能够保值增值值得思考。此时，应该考虑自己是不是还应该继续在这样一个企业工作下去。如果这个企业不能改变，是不是要改变自己职场策略？

如何用好自己的职业能力是个体人力资本经营的关键一环，并能为个人职业履历加分。这里面涉及选择什么样的工作平台、企业的机制、生态和文化问题。如果能够很好地把自己的职业能力跟企业的平台，企业机制以及企业的文化和团队相互融合，个人职业能力的发挥将顺理成章。

职业能力经营在生态环境上会涉及哪些方面？一是学习平台，我在一个企业中能否获得不断学习的环境和机会，需要依托于一个学习平台，无论企业内部学习平台还是外部学习平台，使得自己的职业知识和技能不断地得到丰富和提高，从而不断证明自己的职业能力；二是就业指导平台，个体人力资本要不断增值，除了要寻找一个很好的学习平台以外，还要寻找一个专业的就业指导平台。一个人怎么样才能不断提升自己的职业能力，用好自己的职业能力，最终实现自己的职业辉煌？往往需要依托就业指导平台，需要得到专业的职业规划指导。

从利用好人力资本社会化服务的角度思考，个体人力资本经营所需要的生态服务是什么？一是对于个体人力资本经营来说，依托一个什么样的学习平台，使得我们更多、更好、更快地获得最新最实用的知识技能，这种学习平台的选择将影响职业能力的形成与发展。二是从就业指导来看，依托于企业给员工设定的职业发展通道或平台发展，还是依托于第三方机构提供资讯和顾问式的指导进行职业规划和职业发展，这是个体人力资本经营中如何利用好企业人力资本服务生态或社会人力资本服务生态的问题，也是个体人力资本服务生态环境评估与选择问题。

二、职业信用经营

个体人力资本价值保值增值，需要职业信用背书。而职业信用是需要经营的。如何经营？一是职业信用从哪里获得。个人工作简历是职业信用的重要载体。个人工作简历应该如实反映出职业信用，工作简历承载着个人职业履历。能够反映职业信用的个人工作简历应该是真实的、客观完整的。因此，工作简历的真实性、客观性、完整性体现出个人职业能力和职业履历是关键。二是职业信用来自个人职场履约情况。你的职场履约能力和履约过程，是个人职业信用的重要依据。个人的每一次职场转换意味着什么，要分清主动离职还是被动离职，离职是否合理合法。职业履历信息维护是职业信用经营重要的一环。三是重视征信机构在个人的职业信用经营中的作用。每个个体人力资本的职业信用一般会体现在职业履历上，履行劳动合同的履约程度，这都跟个人是否重视职业信用经营相关。征信机构要为关注和经营职业信用的个人提供职业信用评估创造条件。职业信用评估相关机构，如何开展活动？关键是让职业信用，个人看得见、企业看得见、社会各界看得见。让每个人都认识到为职业信用加分是在经营个人的职业信用。四是维护职业信用的关键是做好三个维护：维护职

> 就个体人力资本而言，在每一份工作中，每一次职业经历，每一次跳槽，能否带来个体人力资本价值增值，这值得思考和研究。

业信用信息的真实性、连续性、完整性。如何维护真实的信用、连续的信用和完整的信用，是职业信用经营的关键。

个人取得了良好的职业信用，如何运用好职业信用？我认为，涉及几个方面：一是保存好职业信用的档案。在职业信用经营的过程中职业信用档案应收集好、保存好。二是如何宣传个人的职业信用历史，保存好证据，这是一个重点。三是及时将职业履历，通过相应征信机构评估转化为职业信用。因此，所有的档案、职业履历信息，最后能否转化为职业信用是关键，而职业信用的重要价值在于能否为个人身价评估加分，给个体人力资本价值增值。

职业信用生态涉及三个平台建设？一是职业信用档案保存平台建设，从全社会的角度看，职业信用档案保存在哪里具有公信力。二是职业信用评估平台，个人的职业信用自己说了不算，得有第三方证明个人的职业信用等级，因此，培育评估机构非常关键。三是职业信用宣传平台，个人有了好的职业信用通过什么渠道来传播，让更多的用人单位知道他的职业信用。这是我们构建个体人力资本生态时，需要考虑的三个平台建设问题。选择个人职业信用档案保存平台、信用评估平台和信用宣传平台，对于个体人力资本价值管理而言，必须考虑安全性、公信力问题。

三、职业品牌经营

当你有职业能力，又有良好的职业信用，就具备了个人职业品牌。但如何经营好个人职业品牌？我想应该从三方面入手：一是打造个人职业品牌形象。职业品牌会涉及职业形象的设计，在职场上，如何能够把自己的职业形象很好地展现出来，这就需要职业形象设计，好的职业形象是职业品牌经营的第一步。二是在职业形象设计基础上进行职业生涯规划。一个人的职业形象与职业规划很好地结合起来，内外兼修，使得个人在不同职业发展阶段具有与职业阶层相适应的职业形象，帮助个人职业品牌的确立、丰富与传播。三是身价的宣传，当个人有了职业品牌，这种职业品牌最终应该转化为身价，这样才具有个体人力资本经营的实际价值。

如何提升职业品牌？如何参与职业品牌价值的评估？职业品牌价值由谁来评估？谁的评估具有公信力很关键。有公信力的社会机构是否可以进行职业品牌排名？如果能够很好地对个人所在行业，或者对其所在职业领域进行身价品牌的排名，能不能作为个体人力资本生态经营的一种重要形式和个体人力资本价值体现形式。

既能够体现职业信用和品牌，又能够身价排名，这就是个体人力资本经营的一种生态。由于品牌价值是有时效性的，在不同的时机和社会环境下，可能职业品牌的价值是不一样的，它可能会贬值或者会衰减。因此，动态的职业信用评价和职业品牌评价是必不可少的。

如何用好职业品牌？构建和维护好个人职业品牌经营生态是基础。首先，是要有职业品牌评估的平台，职业品牌排名的宣传由谁来做，职业品牌价值转换为身价如何进行？是依托企业进行？还是由社会机构来做？都是值得思考的问题。其次，职业品牌经营的生态，包括营造职业能力、职业信用和职业品牌经营的环境、土壤和水分等，最终目的就是帮助个人提升职业能力，个人职业信用和品牌在不断评估中得以保值增值。通过构建个人职业品牌经营生态环境，有助于区域、行业、国家乃至世界级名人名家的诞生与影响力的发挥。

洞见

CHINA STONE

华为为什么能够成为具有全球竞争力的世界级领先企业？华为赢在什么地方？当然，我们可以从各个方面去概括。我认为，最终还是要回归到人，还是要回归到华为以奋斗者为本的人才机制，最终是赢在华为的人才机制能吸纳、留住以知识型人才为基础的高绩效人才队伍。

——彭剑锋

强大的组织力量从哪来
——华为人力资源管理十大成功实践评析

■ 作者｜彭剑锋

华为为什么成功，为什么能够成为具有全球竞争力的世界级领先企业？华为赢在什么地方？当然，我们可以从各个方面去概括，比如，华为赢在企业家和企业家精神，赢在以任正非为核心的高层领导团队的领导力，赢在战略上聚焦，赢在产品技术投入和产品领先上，赢在把能力建立在组织上，赢在以奋斗者为本的人才机制……这些都是成功之道。但我认为，最终还是回归到人，还是回归到华为以奋斗者为本的人才机制，最终是赢在华为的人才机制能吸纳、留住以知识型人才为基础的高绩效人才队伍。

01

通过知识资本化创造差异化的人才共同致富之路

华为人才机制最突出的两个特点：一是解决了利益分配问题，利益给足，老板懂得让利；二是解决了知识分子的成就感问题。

华为的人才机制通过知识资本化创造了一种差异化人才共同致富的发展之路，也就是华为承认和重视了知识资本价值，构建了与知识分子共担、共治、共享的长效动力机制，从根本上解决了货币资本和人力资本在责权利上的矛盾。“共担”就是货币资本和人力资本共同参与企业经营管理，共享企业利润和成功，这是华为人才机制的核心。

任正非创业的时候一无所有，他靠什么从华中理工大学、清华大学吸纳人才？除了靠目标信念，我认为，首先是解决了利益问题。作为创始人的任正非，舍得分钱让利，善于授权放权，让员工有获得感、参与感和成就感，让员工不仅得到利益，还认为华为的事业是大家共同的事业。

华为从 1990 年开始就搞全员持股计划，通过员工持股计划吸纳了一批优秀人才，尤其是知名大学的优秀硕士生和博士生，这为华为奠定了雄厚的人才基础。1997 年后，任正非带着华为高管到美国 7 家高科技企业考察，发现很多企业不是用实股激励人才，而是虚拟股权。所谓虚拟股权计划，是员工拿到的不是实股而是一种利润分享权，只要你在企业干就可以参与企业利润分享，你离开公司了，公司可以把股权回购，分给新员工、新的贡献者。这种股权具有动态性，适合高科技企业。高科技企业人才流动大，如果员工拥有实权，离开企业后会继续分享企业利润，这对于那些持续在企业做贡献的员工是不公平的。另外一个方面，也不能让员工有“吃老本”的心理，就是股权多了以后，不继续奋斗了，只要“赖”在企业，每年也能获得巨大的分红。

因此，**华为后来推行了获取分享制，所谓获取分享制，就是整个待遇体系和利润分享向持续创造价值的人才倾斜**。华为规定，每年股东的利润只占 25%，75% 要分享给当年做贡献的人，这是华为虚拟股权计划的动态性。发展到今天，任正非本人的股权占整个股权不到 1%，这种利益安排赢得了员工的信赖和忠诚，也赢得了员工的拥护，使得任正非虽然只持有不到 1% 的股权，却拥有公司 100% 的控制权。

华为这种以奋斗者为本的人才机制，从根本上解决了两个核心问题：第一，把利益给足，你只要给企业做贡献，就是企业的主人，就可以参与企业的利润分享，这使得知识分子拥有剩余价值的索取权；**第二，任正非善于授权和放权，使得知识分子也获得了参与企业的经营管理决策权和共治共决权，知识分子不仅获得利益还有成就感**。加上华为不断打胜仗，让员工有成就感，员工和企业之间不再是雇用和被雇用的关系，某种意义上是合作伙伴的关系。

从本质上说，**华为的普惠式员工持股计划，就是一种合伙人计划，是一种共担、共创、共治、共享，让员工既能获得利益又能获得成就感的双动力的长效人才机制**。

以奋斗者为本的“三高”机制

知识型员工是华为的主体，华为靠什么机制让知识分子冲锋不止，奋斗不息？靠什么机制让一批批“秀才”变成英勇善战、能够持续打胜仗的战士？我们称为“三高”机制，即通过高压力、

华为靠什么机制让知识分子冲锋不止，奋斗不息？靠什么机制让一批批“秀才”变成英勇善战、能够持续打胜仗的战士？

高绩效、高回报这“三高”机制驱动知识型员工有动力、有压力，拼命干、持续干，不断地创造高绩效，创造企业成长的奇迹。

1. **高压力**。所谓“高压力”，首先是危机文化压力。我认为任正非是一个内心既强大又脆弱，既理性也焦虑的企业家，他从骨子里面透着强烈的忧患与危机意识，而且，他也擅长通过写《华为的春天》《华为的红旗到底能扛多久》这样的文章不断地去向员工传递危机意识，使所有员工始终能够感受到外部市场竞争的压力，始终在为“过冬”储备能量，为活下去而战战兢兢、如履薄冰般拼命工作。所以高压力的**第一个来源是危机文化压力。第二个来源是内部人才竞争的压力**。从1996年开始，华为就以市场部集体辞职为契机，引入了末位淘汰机制，通过“干部能上能下、工作能左能右、人员能进能出、待遇能升能降”的“四能”机制，将外部市场竞争压力转化为企业内部的竞争压力，这就使得员工始终处于竞争压力之下，任何一个人都不敢懈怠，都必须持续奋斗，不断地去创造企业成长奇迹。华为通过文化压力加内部竞争淘汰压力的“双压力”驱动员工持续艰苦奋斗。

2. **高绩效**。**所谓“高绩效”，第一，华为能不断提出挑战性的目标，第二，华为文化本质上是一种“蓝血”绩效文化——一切让业绩说话，强调业绩导向与执行，强调没有业绩、没有绩效就没有发言权，机会和资源向高绩效者倾斜**。华为从上至下每年都要提出具有挑战性的战略绩效目标，并对绩效目标做出郑重承诺。华为主要靠两套系统来贯彻这种高绩效，一是BEM系统，也叫业务战略执行力模型，把公司的具有挑战性的总体目标，层层传递到各个业务系统、各个部门、各个团队身上；二是通过PBC（个人绩效承诺体系）让每个人对自己所承担的业绩做出郑重承诺，每个人都要承诺，目标一旦确定就要做到，承诺在实现目标的过程中要团队合作，要协同。通过 BEM 系统和 PBC 系统，使得华为的员工始终处于不断追求创造高绩效的紧张感之中。

3. **高回报**。员工创造了高绩效，承担了高压力，就能真正得到高回报。也就是对于知识分子，既要提倡艰苦奋斗，同时也要在利益上给他们以回报。华为从来不空谈艰苦奋斗，华为的薪酬分配机制就是要使得“贡献者定当得到合理回报，向雷锋学习，绝不让雷锋吃亏”，员工只要创造了高绩效，就一定会有高回报。

华为能够做到不断地去兑现承诺。我经常讲，任正非不仅擅长给员工画大饼，更重要的是他每次画的饼都变成了现实，让员工能够信服他，而且大饼做成后，他能够真正去分饼，让员工获得好的收益、真正参与企业剩余价值的分享。

华为通过建立客观公正的评价体系使员工的绩效能够转化成为一种高回报。这种高回报体现为高工资、高分红、高奖金，驱动员工不断去创造高绩效，员工的高投入、高绩效最终换来的是高回报。人其实最怕没事干，人如果每天都处在高压力、高绩效的价值创造过程中，他就不可能去“内卷”，也不可能去“躺平”，避免了员工的惰怠不作为。

一方面，华为通过建立客观公平的评价体系，使员工的高绩效能够转化成高回报，也就是高工资、高分红、高奖金，使得员工真正能共创共享公司的价值；另一方面，通过高压力、高回报驱动员工不断去创造高绩效。

华为干部管理之道与任正非干部管理思想

我们经常讲，华为强，强在组织管理能力，华为的组织管理能力来自哪儿？我认为，首先来自有强大的组织骨骼系统，

华为强，强在干部管理体系能够让人才辈出，良将如潮。任正非创业伊始就特别重视两件事，第一是如何分好钱，第二是如何抓好干部队伍建设。抓住了干部这个龙头，就带动了全体员工。

也就是说有强大的干部队伍。**华为强，强在干部管理体系能够让人才辈出，良将如潮**；强在华为的干部管理机制能够使干部使命驱动、敢于担当，让干部身先士卒、持续奋斗、不敢懈怠；强在华为的干部能带队伍、培养人才，能持续打胜仗；强在华为的干部能不断自我成长，能不断进行自我批判、自我超越。

1. 抓住了干部这个龙头，就带动了全体员工

1995 年我刚到华为去的时候，那时候华为还没有正规的人力资源部，但是有两个部门，令人印象深刻。一个叫考评部，一个叫干部部。这也体现出**任正非的管理思想：第一是如何分好钱，第二是如何抓好干部队伍建设。**他认为，一个企业把钱分好，管理问题就解决了一大半，把干部队伍建设好，组织问题就解决了，企业打仗、打胜仗就没问题了。

华为从创业伊始就开始抓干部队伍建设，成立了干部部专门负责干部的管理和干部队伍建设。大家可以看到任正非的很多文章、很多内部讲话都是针对干部队伍建设而不是针对全体员工的。因为抓住了干部这个龙头，就带动了全体员工。华为的干部管理的成功，首先来自任正非独特的干部管理思想，所以我们研究华为的干部管理，离不开对华为创始人任正非干部管理思想的研究。

2. 任正非的干部管理思想

任正非的干部管理思想的核心内容是什么？我认为主要有十个方面。

第一，重视干部。任正非认为，干部是公司最宝贵的财富，干部才是一个公司未来胜利的保障，干部是一个企业的火车头，你要想让火车跑得快，首先要给火车头加满油。另外，要激活干部、要折腾干部，要用干部队伍激活的确定性来应对商业环境的不确定性。也就是说，一个组织要用内在的确定性来应对外部环境的不确定性，这个内在确定性是什么？就是持续激活干部，只要干部充满活力，充满奋斗精神，充满战斗力，就能够应对外部环境的不确定性、应对外部环境的变化。所以干部队伍是一个组织的“压舱石”，也是一个组织应对外部不确定性的根本保障。

第二，干部队伍导向。任正非提出，华为一定要选拔那些品德好、考核结果好、有领袖风范的干部担任各级一把手；选拔干部一定要有强烈的进取精神与敬业精神；干部一定要有激情，没有干劲的人不能进入公司的高层。如果这个干部没有敬业精神、没有激情，他的职位是要调整的。

第三，干部从哪里来？任正非认为，干部是“打出来的”，不是培养出来的。选拔干部不是为了好看，而是为了攻山头，他引用一句古语，“宰相必起于州部，猛将必发于卒伍” 就是强调干部一定要从基层干起，一定要贴近一线，一定要经过基层的历练。任正非讲：“上甘岭时候的干部将军是打出来的，华为要大胆从火线之中选拔干部，在战壕之中提拔干部。”华为坚持从成功实践经验的人中选拔干部，优先从成功队伍中选拔干部。干部都要有“真刀实枪”的作战能力，能够带队伍、打胜仗。

第四，用干部。任正非提出，用人一定要用人所长，对干部不要求全责备，有能力有领导力的干部往往有个性，优点特别突出的人缺点也一定是突出的。往往“歪瓜裂枣”的干部是最有战斗力的。所以他提出，“有洁癖的人做不了领袖”，你这个人有“洁癖”，说明你不贴近一线，不接近群众。从来没有在污泥之中待过，你不可能出淤泥而不染，这种人是没有免疫能力的。

任正非特别强调用人要有灰度思维，尤其是对干部。他认为一个领导人最重要的素质是三个，一是把握方向，二是掌控管理的节奏，三是合适的灰度思维。在处理犯了错误的干部的时候一定要有包容心。所以他提出：“在明处高高地举起拳头，但是私下要轻轻地放下安抚，对犯错误的干部不要一棍子打死，但是也不能放任纵容，对事要旗帜鲜明，对人要宽容妥协，审视一个干部的缺点时一定要看主流，要多看他的优点，但是这个干部如果道德品质上不行，那要一票否决。”

第五，强调干部培养人才、带队伍的责任。他提出，各级干部都必须努力培养超越自己的接班人，不能培养接班人的干部不能被提拔。任何一个干部，不仅要团结与自己意见一致的人，也要团结那些与自己意见不一致的人，做不到这一点就谈不上是华为的接班人，就永远不可能成为华为的高级干部。

第六，干部要不断地自我批判、自我超越。他提出，干部在进行自我批判时，须不要脸面的、触及灵魂的自我批判，升迁快的干部都是那些善于自我批判、自我改进的人，“从泥坑里爬出来的人才是圣人”。

第七，一定要强调干部的流动性。强调干部的循环流动和干部的周边工作经验，强调领导干部既要在一线基层干过，又要在总部干过，上下流动，左右流动，干部能上能下，工作能左能右，任正非认为干部队伍只要做到循环流动，“组织这一水池子的水就不会腐臭”。

第八，选拔干部一定要强调责任结果导向。任正非提出，我们强调以责任结果导向的组织与干部考核机制。衡量干部好坏，绩效是必要条件和分水岭，所以他用了一个形象的比喻：“茶壶中的饺子我们是不承认的，因为你把饺子放在茶壶里面煮，这饺子倒不出来，出不了绩效。”

第九，干部一定要能上能下。要将干部能上能下常态化，对干部一定要有竞争淘汰机制，主管级要实现每年 10% 的末位淘汰机制，通过末位淘汰机制迫使干部自我学习、自我提高、科学奋斗。

第十，强调干部管理一定要“三权分立”。华为干部管理就有人力资源部、人力资源委员会、党委会。人力资源委员会主要是对重要的人事问题作出决策；人力资源部是专业机构，主要提供专业意见；党委会主要监督干部的道德品格，党委会有一票否决权。他提出，“我们要建立使用权和管理权相分离的干部管理制度，以保证建议权与建议否决权、评议权和审核权、否决权与弹劾权的三权分立的制衡制度等的实施”，提出对干部既要信任又要加大内部监督控制。

04

两大机制防范和铲除组织“三大毒瘤”

任何一个企业做大了以后，到一定规模、有了一定的市场地位，尤其是高层干部权高位重之时，企业容易滋生“三大毒瘤”。

第一个毒瘤是“山头主义”。很多干部拥兵自重，搞自己的利益群体，根本不听集团总部号令，山头做大了还会挑战老板权威，尤其是在一个股权极度分散的组织中，所以要遏制“山头主义”。

第二个毒瘤是高层干部有了资源和权利后，容易滋生腐败，如关联交易、任人唯亲、贪污腐败。所以一个组织不能遏制腐败，就会溃烂。

第三个毒瘤是高层干部的惰怠。很多干部有了一定地位后开始懒政，不愿意到一线去，没有激情，开始追求享乐。如果组织不能遏制惰怠，惰怠就会像病毒一样在组织内传播。高层干部如果惰怠，组织就会得传染病，失去活力，没有战斗力。

如果组织不能及时发现、抑制和割除这“三大毒瘤”，堡垒就会从内部攻破。任正非警示华为：“我们就像是

“我们就像是双翼的神马，飞驰在草原上，没有任何东西能够阻挡我们前进的步伐，但是内部的惰怠和腐败会阻止我们的步伐。”

双翼的神马，飞驰在草原上，没有任何东西能够阻挡我们前进的步伐，但是内部的惰怠和腐败会阻止我们的步伐。”

那华为是怎么破除“三大毒瘤”的？**华为创造了两种高层干部管理机制，轮值 CEO 制度和 EMT 团队自律宣言。这两种机制有效地抑制和割除了这“三大毒瘤”**。

1. 轮值 CEO 制度

华为从 2004 年开始推行轮值 CEO 制度，今天叫轮值董事长。企业有七位常务副总裁，负责企业日常经营管理决策，七位常务副总裁轮流担任 CEO，半年轮值一次。轮值 CEO 的主要职责是三项：一是负责提出经营决策会议的议题；二是主持经营决策会议；三是监督跟踪经营决策执行。

轮值 CEO 制度的好处，我觉得有几个方面。**一是使得整个企业决策体系保持动态平衡**，企业大了以后不再追求偏执的发展，而是动态平衡发展。比如，这一届的轮值 CEO 是激进的，可能下一届的轮值 CEO 又属于保守谨慎的，能往回拉一点，这就使得企业的决策体系保持了整体的动态平衡发展。**二是从体制上制约了山头主义**。轮值 CEO 只有半年任期，在股权分散的体系中，轮值CEO没有时间，也没有条件形成自己的山头。群体智慧和适度民主加适度集权的组织决策机制，一旦企业里出现山头马上就能被削平。**三是这个制度使得企业从老板的个人智慧走向了群体智慧**，从老板个人拍脑袋决策走向了群体决策。企业大了以后，不能像创业时期完全靠老板拍脑袋，老板不一定对所有新的业务领域都看得准，船大难掉头，要保证方向正确。

组织要保证方向正确，就要改变决策机制，要从老板个人决策转为群体决策。中国很多大企业出问题就是因为所有决策都交给老板一个人，从创业到做大都是老板决策，一旦脑袋拍错了，决策失误就是最大的失误，而华为这一决策机制保证了决策理性。

2. EMT 团队自律宣言

华为创造了一种 EMT 团队自律宣言制度，要求高层干部严于律己，要进行自我批判，始终充满激情，绝不能腐败。从 2005 年开始，任正非敏锐地感觉到华为做大以后（那时候任正非已经成为世界三大通信设备供应商），高层已经有了一定的权力，华为最大的风险不是来自外部，而是内部干部的腐败和惰怠。

为了保证干部廉洁自律，华为在 2005 年 12 月就召开了 EMT 团队民主生活会。会议议程第一项是大家做出宣言，宣誓作出郑重承诺；第二项依照 EMT 宣言一条一条自查自纠，有没有关联交易，有没有任人唯亲，等等。任正非经常讲，“能从泥坑里爬出来的人才是圣人”“有洁癖的人当不了领袖”。干部只要能认真改正错误，还能继续得到公司重用，但如果隐瞒不报，一旦被查出来就是一票否决，坚决下台。干部自查自纠的结果要公开，接受全体员工的监督，这就使得高层干部的权力被放在阳光底下晒，权力被关进笼子，通过宣言的形式和制度化保证高层不能腐败、不能惰怠。2011 年开始，EMT 宣言的形式被固化为一项制度，后来不仅是高层要做团队宣言，各个中层、基层也要搞团队宣言，所以 EMT 团队自律宣言每年举办一次宣誓大会。高层管理团队必须严于律己，率先垂范，成为公司核心价值观道德的楷模。

华为 EMT 自律宣言的内容主要包括三大方面：

第一，高层干部的合法收入只能来自华为的分红和薪酬，不能通过下述方式获得：①绝不利用公司赋予我们的职权去影响和干扰公司各项业务，从中获取私利，包括但不限于采购、销售和合作外包等，不以任何形式损害公司利益；②不在外开设公司，参股别的公司，亲属开设和参股的公司不与华为进行任何形式的关联交易；③高层干部可以帮助自己愿意帮助的人，但只能用自己口袋中的钱，不能用手中的权，公私分明。这三点就是所谓高层干部的合法收入只能来自华为的分红和薪酬。

第二，高层干部要正直无私，用人五湖四海，不能拉帮结派，不在自己管辖范围内形成不良作风。

第三，高层干部有自我约束能力，通过自查自纠自我批判，每日三省吾身，以此建立干部的自洁机制。

华为人力资源管理导向——开放、熵减、激发活力

通过熵减，不断打破平衡，不断拉开差距，形成组织势能，让人力资源这个水泵不断激活组织，搅动组织，使组织始终充满活力，充满紧张感、创造力。

1. 组织的三大自发趋势

任何一个企业在成长和发展过程中，随着企业的规模越来越大，人越来越多，机构越来越庞杂，组织都会出现以下三大自发的趋势。

第一个自发趋势：组织结构日益稳固，整个企业变得越来越封闭，变得越来越保守，不开放。而且员工自我感觉太好，不向外部学习，与外部不合作、不交流，新人进入企业以后，很难得到成长。空降部队一落地就落在沼泽地上，有专业能力发挥不出来，很难存活。企业的文化土壤不包容、不开放，那么与外部就没有能量交换，很难做到吐故纳新。一个企业组织封闭、保守、不开放，自然这个组织就没有活力、没有创新。

第二个自发趋势：随着组织规模的扩大，制度流程的规范化，企业的业务开始固定守成，流程越来越僵化，技术创新乏力，组织出现懈怠，员工没有危机感、紧张感，整个组织缺乏创新的活力，员工也缺乏斗志。

第三个自发趋势：企业大了以后，员工反倒缺乏使命感，工作激情衰竭，没有价值创造的活力。很多员工占着位子不作为、不担责、不履责，一些人开始混日子、偷懒，企业搭便车的人越来越多，占着位子不作为的人越来越多。我在很多企业做过调研，混日子、偷懒的人、搭便车的人、占着位子不作为的人、假作为、乱作为的人，这一类人往往可以占到一个企业人数的 25% 左右。如果一个企业这类人越来越多，一定会出现企业越大，越来越不赚钱；企业越大，人均效率越来越低；企业越大，越缺乏创新，越缺乏打胜仗的勇气和能力等的问题。

2. 如何阻止组织的三大自发趋势

华为 2018 年的人力资源管理纲要明确提出，华为人力资源管理的出发点和基本导向，就是要用熵减与开放，持续激发个体价值创造的活力。同时任正非提出，组织要保持方向正确，但组织始终要充满活力，这个组织才能具有持续的战斗力，才能持续打胜仗。

在这个问题上，华为有两个做法很值得中国企业借鉴。

第一，建立开放的结构，使整个组织变得更加开放，尤其是在人力资源体系上。任正非提出，要炸开人才金字塔，构建开放式的人力资源体系，以全球能力中心的人才布局，吸收宇宙能量，连接世界智慧，整合世界智慧。所以华为在全球有 16 个研发中心，28 个联合创新中心，尤其在印度、俄罗斯、土耳其、德国、法国、日本等国家建了几十个研究所，现在，华为全球的外籍员工有 3 万 ~4 万人。也就是说，整个人力资源体系一定要变得更加开放、更加国际化、更加具有全球视野，吸纳全球的人才，整个人才队伍才能始终充满价值创造的活力。同时，华为虚心向一切优秀的人才和优秀的标杆企业学习。从 2020 年开始，华为受到美国强烈的打压，但任正非仍然很大气地提出，华为仍然要向美国学习，美国有很多优秀企业的做法值得华为去学习。这种虚心学习和开放的心态，就是一个组织活力的源泉。

第二，华为始终贯彻以奋斗者为本，持续艰苦奋斗的核心价值观，将熵减理论引入组织之中。“熵”这个概念是物理学热力第二定律的概念，德国的物理学家鲁道夫・克劳修斯于 19 世纪末发现了热力学第二定律，他定义了“熵”这个概念。所谓“熵”，就是自然社会在任何时候，都是高温自动向低温区转移的。在一个封闭式系统里面，最终会达到热平衡，最后导致没有温差，没有温差，就不能做功，这个过程称为熵增的过程。

如果一个组织，又封闭，又没有温差，最后的状态就是熵死，也称为“热寂”。

华为创始人任正非创造性地将“熵减”这一个概念引入华为的组织和人才管理机制中。

熵减理论的核心思想还是要拉开差距、打破平衡。任正非说，“熵减就是要拉开差距、打破平衡，由华为数千中坚力量，带动十几万的队伍，滚滚向前”。他说，“我们要不断激活我们的队伍，防止熵死，我们决不允许组织出现黑洞，这个黑洞就是惰怠，不能让它吞噬了我们的光和热，吞噬了活力”。

通过熵减，不断打破平衡，不断拉开差距，形成组织势能，让人力资源这个水泵不断激活组织，搅动组织，那么这个组织就能始终充满活力、始终充满紧张感、始终充满创造力，这个组织就能够不断打胜仗。

把钱分好——华为分配机制的五大要点

人力资源管理最核心的动力机制就是分配机制，“把钱分好，企业的问题就解决了一大部分”。那么，华为如何把钱分好？

企业人力资源管理最核心的动力机制是什么？最难的问题是什么？我认为，就是如何分好钱。正如任正非所指出的，把钱分好，企业的问题就解决了一大部分。华为是怎样做到把钱分好？我认为主要体现在五个方面。

1. 企业家不自私，舍得分钱

我们说要把钱分好，首先要有钱可分，然后舍得分。**老板不自私，舍得分钱，有钱分，这就是把钱分好的前提。**作为创始人的任正非，他的贡献最大，但是他现在在华为的股权不到 1%，所以他真正做到了不自私，舍得分钱给员工。而正是因为任正非舍得让利的胸怀气度，使得劳动者和知识创新者能真正成为企业价值创造的主体，不仅能够获得工资性收入，而且能够获得剩余价值的索取权，尤其是获得利润的优先分配权。

华为是通过构建全价值链的贡献分享机制，让更多更好的资源能够参与到整个公司的价值创造过程，通过普惠式的利润分享计划，同时又基于不同业务与人群的不同责任贡献，构建一个差异化的价值分配机制。既是普惠制，又能使机会和薪酬向那些促进公司有效增长的新业务与做出突出贡献的超优人才倾斜。

2. 分钱分得有依据，分得让人心服口服

华为所谓的分钱有依据，就是建立了一套科学的价值评价体系，为分钱提供依据。在华为至少有四套评价体系：①岗位价值评估，依据岗位价值评估来确定岗位的价值，依据岗位的价值来确定工资，在华为工资分配的依据主要是岗位，叫“易岗易薪”，当岗位变了，工资就变了，工资随着岗位走。②任职资格评价，你要想升职，你先必须达到任职资格能力的要求，你参与了公司任职资格能力的评价，拿到任职资格证书，你就可以参与公司的岗位竞聘。这就使得升职有依据。③你想要拿股权，除了岗位价值，绩效以外，主要是看你的劳动态度，看你的价值观，看你的行为是不是符合公司文化价值观的要求，如果你的行为不符合公司文化价值观的要求，就要一票否决。④奖金的分配主要根据超额完成的绩效，也就是要根据 KPI 考核，这就使得升官发财有依据、分钱有依据，解决了现在很多企业老板给的钱越多员工越抱怨的难题，是因为你背后没有科学分配依据。

3. 分钱是分增量，只有多打粮食才能多分粮食

分钱不是去分存量，而是通过一种增量分享来驱动员工不断创造高绩效，不断创造企业成长的奇迹。因为只有创造了增量，才有奖金，奖金是超额完成绩效目标的激励。现在很多企业发奖金成了常态，不管目标完成得怎样都得给奖金，结果工资变成奖金，奖金变成工资，本末倒置了。奖金本质上是超额完成绩效的一种激励。

在华为，不是通过管人员的编制、管人头的方法来分钱，而是通过薪酬包的弹性管理机制来解决业绩增长上不去、薪酬成本下不来的问题。薪酬包主要是根据团队（部门）“销售收入”和“利润贡献”这两个重要的指标共同来决定，当收入和利润同步增长的时候，你这个部门和团队就能获得更多的薪酬包，当收入和利润减少的时候，你的薪酬包就要相应地下降，同时公司根据想要牵引的方向配上“战略粮食包”。对战略性的这种绩效和任务再多给一些薪酬包。华为的各个业务单元，必须通过做大收入和利润来获取自己的薪酬包。你不用跟公司讨价还价，你只要把业绩做大，实现销售收入增长，实现利润增长，你就可以获得更多的这种收益。所以它是一种增量分享。

企业薪酬分配的一个难点就是如何解决团队绩效利益跟个人绩效、个人利益之间的关系，如何鼓励员工进行团队合作，关注团队绩效。华为的利润分配是在坚持团队优先的基础上，兼顾个人奋斗。所以往往是先按照公司整体的业绩达成的情况，确定公司总的奖金池，再根据部门绩效，把公司的奖金包分配到每个部门，这样才能生成部门的奖金包，由每个部门根据个人的绩效和岗位的职能再把奖金分配给个人。这种基于团队的薪酬就有利于员工团队合作，有利于员工协同作战。

4. 牵引前、中、后台协同

协同是很多企业的难题，如何通过利益分配机制解决前、中、后台的紧密协同问题？首先要看企业内为什么不协同，核心原因是没有共同的利益，各个利益主体之间是区隔的。为了解决这个问题，华为通过设计前、中、后台利益联动机制，来实现前、中、后台利益分配的联动与协同。

比如，华为将正式组织分成作战单元、作战平台和管理平台。作战平台的奖金怎么分配呢？作战兵应该服务的作战单元奖金的一定比例再乘以你所服务的作战单元的内部客户满意度评价，来确定作战兵的薪酬。比如，销售部门的整体奖金包是1000万元，如果中后台的奖金按照联动比例是60%的话，那就是600万元。然后再根据内部客户满意度评价，比如，满意度是90%，那就是540万元，这样就可以确定作战平台的奖金包。管理平台的奖金是所有作战单元和作战平台的平均奖金，再乘以分配系数，再乘上满意度，来确定管理平台的奖金。这种分配方式就有利于大家的协同，有利于相互之间形成一种顾客关系，相互之间能够提供服务、提供协同。内部的协同，内部的客户满意度背后还是靠利益机制的联动。

5. 多种价值分配形式

不光是分钱，同时要把物质利益和精神鼓励有机地结合在一起；不光分钱给“里子”，还要给“面子”，让员工有成就感。华为主要在以下三个方面激发员工的成就感。

一是用组织愿景牵引个体的工作动机，激发员工群体不断奋斗的更高使命感，也就是我们讲的用组织愿景、用文化驱动员工，让员工有使命感有激情，这种激励需以分钱为基础，但不要指望用分钱就能解决所有问题。

二是将组织成长与员工发展机会相链接，鼓励员工不断奋斗，不断挑战自我，提出更高的追求。尤其是机会向那些优秀分子倾斜，机会和职权要向那些奋斗者倾斜。这样就可以激励员工不断去追求更高的发展目标，不断去获取更高的发展机会，提供更好的发展机会来激励员工。

三是用集体与个人荣誉感来激发组织与员工群体持续奋斗的更大的责任感。所以华为的荣誉体系是激励方面的一个很重要的要素，华为专门成立荣誉部对员工的进步和特殊贡献进行各种激励，使得员工不仅能拿到钱，同时能有一种荣誉感，能有一种成就感，能有一种使命感，能够不断去挑战自我。这样就在解决利益分配的基础上再加上精神激励，使得员工的动力机制有了物质激励＋精神激励的双轮驱动机制。

“全力创造价值、科学评价价值、合理分配价值”的人力资源价值管理循环

华为的人力资源管理体系里面最具有特色、最具有原创意义的人力资源管理理论与最优实践就是“全力创造价值、科学评价价值、合理分配价值”三位一体的价值管理循环体系。

在知识经济和数智化新时代，人力资本日益成为企业价值创造的主导因素，尤其是知识型员工成为企业价值创造的主体。在这样一个新时代，人力资源管理进入了价值管理时代。所谓价值管理，就是整个人力资源管理的活动要围绕组织与人的价值创造和价值成长展开，人力资源管理的核心目标，不再是简单地解决人与岗位的最优配置问题、解决人的效率问题，而是要激发员工的价值创造活力与创新创业的内在潜能。通过人力资源价值管理，让每一位员工都能成为价值创造者并有价值地工作，让各类人才更好地创造更多的价值，从而实现组织与人的价值共同成长。

华为的人力资源管理体系里面最具有特色、最具有原创意义的人力资源管理理论与最优实践，我认为就是在 20 世纪 90 年代末期华为创造性地提出的 “全力创造价值、科学评价价值、合理分配价值”三位一体的价值管理循环体系。我认为这是中国人力资源管理实践对全球人力资源管理的原创性的贡献。随着华为成长为具有全球竞争力的世界级领先企业，华为的人力资源管理体系一直处于变革、创新、优化之中，但华为的价值管理循环体系一直没有变化。截至 2018 年，华为人力资源管理纲要 2.0 版仍然提出，华为人力资源管理的基础是人力资源价值循环体系，提出要优化华为的价值管理循环体系，去夯实华为的人力资源管理基础。

1. 如何评价知识型员工的创造性劳动

华为价值管理循环理论与实践最初起源于 1996 年，我们人民大学顾问组与华为考评部共同建立了一个项目组，专门研究如何对华为研发部门的研发人员进行绩效评价与激励。**众所周知，研发部门的研发人员都是高智商的知识型员工，他们所从事的都是知识型的创造性劳动，面对他们的评价和激励面临很多难题。**

第一个难题是研发部门进行的都是知识型、创造型、复杂型的劳动，因此研发人员的劳动成果往往很难具象化。如何对知识型员工的创造型劳动进行客观的评价？如何确定他的价值贡献？如何评价他的绩效结果？这些都是我们需要思考的问题。

第二个难题是研发人员都是很有个性的，有对研究成就感的追求，有技术创新的情结，因此往往很多研发人员只追求技术的先进性，不管客户与市场的需求。很多研发人员是为研发而研发，缺乏技术商人的意识，不关注研发产品如何为市场做贡献，如何去满足客户的需求。所以需要有一套价值评价的导向去牵引着研发人员必须关注客户需求和市场价值。如果你的研发只是为了研发而研发，只是为了发表论文，那可能就不能算作企业的科研成果，因为企业的科研成果必须要创造出市场价值，必须要满足客户需求。

第三个难题是研发人员既要发挥个人创新潜能和个人创造力，但是更需要团队合作与协同，一个大的研发项目往往是团队合作、共同智慧的结果，所以这就面临着如何将个人绩效与团队绩效相结合，如何把个人绩效建立在团队协同合作的基础上的问题。

第四个难题是研发人员的业绩往往不体现在当期业绩上，一个研发项目对企业的影响可能是战略性的、长期的。所以这就面临着研发人员的当期绩效与长期绩效如何平衡的问题，这个问题的背后，就是长期激励与短期激励的平衡设计。

第五个难题是知识型员工比较追求客观依据，追求每一种管理方法背后的这种学理。你给知识型员工发完钱以后，他还会问：为什么给我这么多？为什么给他那么多？你给钱的依据和理论是什么？

2. 如何从价值观层面去建立价值管理的方法论

针对上面这些难题，当时我们联合项目组经过讨论就提出，要解决研发人员的评价和激励问题，光从方法、工具层面上去思考是不能从根本上解决问题的，必须要从方法论的底层逻辑，从价值观层面去思考、引领，必须要建立一套能够满足企业战略和未来企业生存发展需要的，能够激励知识型员工全力去创造价值的一套价值管理体系。

我们联合项目组将研发人员的评价与激励体系所要思考的基本命题绘制了一张华为人力资源价值管理设计矩阵（见表1）。

表1　　华为人力资源价值管理设计矩阵

	价值创造观	价值评价理念	价值分配理念
价值命题	价值来源	价值贡献度	价值回报
要解决的问题	谁创造了价值	创造了多少价值	价值如何分配
命题作用	分配重心	分配依据	分配实现
对未来的影响	把价值做大	明确和区分价值贡献	回报和奖励价值创造者

从横向来讲，是三大命题：我们要有什么样的价值创造观？我们要有什么样的价值评价理念？我们要有什么样的价值分配理念？从纵向来讲，就是要去思考，一个企业的价值命题是什么？这个价值命题要解决的问题是什么？解决了这个问题对企业成长和发展的有什么作用？对未来的影响在什么地方？通过

从横向的三个要素、纵向的四大问题来完成对华为人力资源价值管理的一个系统思考。

从价值创造这个维度上来讲，其实就是要回答一个企业的价值来源来自哪里。这个问题经过大家的讨论达成共识，企业价值来源一定是来自客户，来自帮助客户成功，只有帮助客户成功才能有华为的成功，所以一个企业的价值创造实际上是围绕客户价值来进行的。第二个问题要回答谁创造了公司的全部价值，大家经过讨论得出是劳动、知识、资本、企业家四大要素共同创造了公司的价值，但是在四大要素中，谁是决定未来企业长期发展、战略成长的核心要素？谁是决定性要素、主导性要素？最后得出结论：**企业家和知识创新者是企业价值创造的主导要素，是未来企业分配的重心**。如果一个企业的价值分配的重心，向这些最能创造价值的人去倾斜，那么就可以驱动组织的核心价值创作不断地去把企业的价值做大，这是企业的价值创造观必须要回答的基本命题。价值体系所要回答的第二个基本命题是什么呢？就是价值评价要去衡量每个团队、每个人的价值贡献度。这就相当于要回答每个人究竟创造了多少价值的问题。企业依据员工所创造的价值给员工分配价值，所以价值评价是价值分配的主要依据。价值评价的核心使命，就是要明确和区分价值贡献者。

第三个基本命题是要确认价值分配的核心，要使得每个员工对企业的贡献得到合理的价值回报。所以价值分配所要解决的核心命题就是价值回报的问题，其次是要解决价值如何分配的问题。价值分配、价值实现的形式就是要通过价值分配使得那些为企业作出贡献的人，能够得到回报。企业就是要通过这种合理的价值分配体系去激励员工持续奋斗，不断去创造高价值。

这是 1996 年我们在研发部门对华为人力资源价值观设计的一个思考体系，是华为人力资源的价值管理循环体系的一个底层逻辑。

08

将核心价值观落在人力资源管理体系上

华为如何通过将核心价值观在人才的机制制度上落地，真正将文化内化于心、外化于形，真正通过文化产生组织的内在凝聚力、产生战斗力，真正以文化价值观的力量去凝聚员工，实现力出一孔，利出一孔？

华为从创立开始，在努力谋求公司生存、奋力牵引公司发展的拼搏过程中，就非常重视核心价值观的落地与践行，尤其是经过长期的探索，于 2010 年正式确立了“以客户为中心，以奋斗者为本，长期坚持艰苦奋斗”的核心价值观。

那么，华为如何通过将核心价值观在人才的机制制度上落地，真正将文化内化于心、外化于形，真正通过文化产生组织的内在凝聚力，产生战斗力，真正以文化价值观的力量去凝聚员工，实现力出一孔，利出一孔？我认为主要体现在五个方面。

1. 统一思想，达成文化共识，让员工认同公司的文化

这是一个企业文化落地的前提。一个企业最大的权力就是思想权的统一。任正非从创业一开始，就特别关注抓思想权、抓高层领导团队的共识，抓员工对公司核心价值观的认同。任正非以及华为的高层管理团队，是企业文化的首席“布道师”，企业的首席文化师。

一个企业的文化价值观落地，我认为首先是企业家要成为企业文化落地的推动者，企业家要去推动公司企业文化的统一、共识与落地。其次，华为经常进行文化价值观的大讨论、大辩论。比如，《华为基本法》当年就进行了 9 次研讨。2009 年华为进行了六大核心价值观的大研讨，所有的员工都参加，大家一起对公司的核心价值观达成共识。我们在文化咨询中经常说一句话：文化大纲、企业基本法的起草过程比结果更重要。因为文化大纲、企业基本法的起草过程就是一个达成企业文化共识的过程，是大家认知、理解企业文化的过程。同时通过文化的辩论，统一了思想。我认为这是文化落地的关键。

另外，华为通过树立文化典型人物、典型案例，去讲好文化故事，使得一般员工能够理解什么是企业文化，知道自己要去向谁学习，自己在做事的时候应该按照什么样的方式方法去做才能符合企业文化的要求。所以我经常说，任正非是一个既能写文章又能讲好文化故事的企业家。

2. 文化要落地，首先是要落实在干部管理上，落实到领导力上

华为致力于打造基于文化价值观的领导力，将核心价值观融入干部队伍建设中，植入干部的领导方式与工作作风之中。

首先，在干部的通用标准之中，华为明确了各级干部的首要使命和责任，就是践行并传承公司的核心价值观。同时，各级干部要对华为的事业充满热忱和使命感。华为对干部使命的定义就是以企业文化为核心，管理价值创造、价值评价和价值分配，带领团队持续为客户创造价值，实现公司的商业成功和长期生存。华为把干部的使命落实于干部的“四抓”，即落实为干部的四项责任——抓文化、抓业务、抓效率、抓能力。干部的四大责任排在首位的就是抓文化。因为作为一个干部，你要有使命感，你要践行公司的核心价值观，你的核心责任就是要抓文化，就是要践行公司的这种文化。

其次，华为基于核心价值观，建立了各级干部的工作作风要求，行为规范。比如，“干部工作作风八条”，还有对高层干部的EMT团队自律宣言。各级干部通过宣誓做出郑重的承诺，并对照标准不断进行自查自纠，进行自我批判。这就有利于真正让干部带头去践行整个价值观，从而带动所有的员工去践行公司的价值观。

3. 将核心价值观落实到人力资源的机制制度建设上

将“以客户为中心，以奋斗者为本，长期坚持艰苦奋斗”的核心价值观落实到人才机制与制度建设之中。比如，将“熵减”理论引入组织文化建设中，通过“四能（ 干部能上能下、工作能左能右、人员能进能出、待遇能升能降）机制，通过价值管理循环体系，通过打破平衡、拉开差距、竞聘上岗、竞争淘汰这些机制，实现差异化的共同奋斗、共同致富，激活人才的价值创造。

以奋斗者为本，让员工持续奋斗，就必须要有“以奋斗者为本，长期坚持艰苦奋斗”的人才激活机制。华为从来不空谈所谓的“长期坚持艰苦奋斗”，华为的薪酬分配体系、薪酬分配机制，就是要使贡献者定当得到合理的回报，“向雷锋学习但绝不让雷锋吃亏”。只要员工创造了高绩效，就能够得到高回报。在操作方法上，华为通过虚拟股权计划、获取分享制，以及 TUP 计划这些长期激励机制设计，使得员工只有持续为华为做出贡献、持续艰苦奋斗，才能持续分享企业的利润和价值。

正如任正非所说：“‘以客户为中心，以奋斗者为本，长期坚持艰苦奋斗’就是一种利益驱动机制。以奋斗者为本的文化可以传承的基础就是‘不让雷锋吃亏’，对那些有使命感、自觉主动贡献的人，组织不要忘了他们。华为的文化不是在大喊大叫中建立起来和传承下去的，它是落实到人力资源机制制度中的，落实到各种细节中去的。春雨润物细无声般地将文化溶解在血液中。”任正非的这一段话，应该是对企业文化如何落实到人才机制上最形象、最接地气的表达。

4. 建立一套基于核心价值观的行为评价体系

华为建立了基于核心价值观的劳动态度评价体系，通过这套劳动态度评价体系，牵引和约束员工去践行公司的核心价值观。华为的劳动态度评价表的核心评价内容和标准，就是对公司核心价值观的遵从。员工要对照行为的评价标准去自查、自检。同时员工要结合对核心价值观遵从的这种自检，从“突出”和“待改进”这两个方面进行具体的事例描述，也就是说，员工要举例说明自己在哪些关键的行为、事件上遵从了公司的核心价值观，自己在以后的工作之中，如何通过改进工作去践行公司核心价值观。这样就使得一个公司建立了一套价值观的约束和评价机制，使得员工有标准和方法去遵从公司的核心价值观，能够自查自纠。

5. 营造“以客户为中心，以奋斗者为本”的组织文化氛围，形成文化压力场

华为通过近三十年持续地文化建设，营造了“以客户为中心，以奋斗者为本”的组织文化氛围，真正形成了“以客户为中心，以奋斗者为本”的文化压力场。在这个压力场中，如果你偷懒、惰怠、不思进取，占着位置不作为，不敢提出挑战性的目标，面对问题不敢担责，那么你在这个组织文化氛围之中就得不到好的评价，就没有成就感。

什么叫好的文化？按照任总的说法，好的文化就是能够形成一定的文化压力场，使得那些假积极的人，不得不持续装假积极，人一辈子装假积极就变成真积极了，这就是文化压力场的驱动作用。

任正非的“灰度”领导力与灰度管理智慧

一、“在哲学上我信奉‘灰度’，信奉妥协”

1. 任正非的“灰度”与灰度管理思维

一家企业的成功，首先是企业家与企业家精神的成功。经常有人问我，“彭老师你能不能用一句话概括华为创始人任正非的领导特点？他伟大在什么地方？”我说，用一句概括任正非这个人，只能用“伟大、灰度、看不透”七个字；用一句话来概括任正非作为企业家的特点，我还是用七个字：智慧、灰度、学不到。

如果要用一句话来概括任正非独特的管理哲学与管理思想，我还是用七个字“智慧、灰度、学不到”来概括。

其实，你去看人类历史上伟大的政治家、企业家、军事家，往往都很难用一两句话清晰地去给他画像。因为卓越的人本质上都是一个复杂的混合体，在他们身上既体现出复杂多重的个性，也体现出他们对复杂矛盾的驾驭能力。正如吴春波教授所描述的，“任正非是一位游走在黑与白之间的一个灰度的人”。所谓灰度的人，就是在他身上有时候会体现出两种极端个性的综合，体现为一种“矛盾对立统一”个性。比如，他既脾气暴躁，有时候很凶，显得很恶，但又能静水深流，内心很善；他有时候既铁骨铮铮，很刚强，但又柔情似水，显得很脆弱；他有时候既疾恶如仇，眼睛里容不得半点沙子，但又宽容妥协，懂得进退；他既用兵很狠，但是又爱兵心切；既很率直，很率性，像个小孩一样稚气顽劣，在大是非面前，又显得成熟老练，胸有成竹……

用我对卓越企业家概括性的三句话就是：有情怀，懂江湖，通人性。所谓有情怀，就是立意高远，有远大的目标追求，有高境界。同时，又懂江湖，懂人情世故，接地气、务实。情怀是天，江湖是地，要打通天与地，靠什么？靠人，通人性。通人性就是了解人性，有同理心，善解人意，内心充满了人文关怀。

任正非也符合卓越企业家这三条，有情怀，懂江湖，通人性。在管理哲学上，任正非是崇尚“灰度”的，他在管理华为的实践过程中，形成了一套基于灰色的经营管理假设、理念与哲学，可以说灰色的管理理论，贯穿了华为30多年的成长历程，成为华为的管理智慧与方法论。

在任正非的价值观中，他认为“灰度”才是一个常态，这个世界本来就没有绝对，所以也不可能有绝对的黑和绝对的白。任正非在哲学上是信奉“灰度”，信奉妥协的，所以他说，“领导人最重要的素质就是方向、节奏，他的水平就是把握灰度”。

如何来理解灰度管理智慧？灰色是黑白之间的一系列过渡色，由浅到深，由深到浅，灰色实际上是黑中有白，白中有黑。从灰度的形成来看，我们所说的灰度就是区别于“非黑即白”、黑白对立的色调，而我们所提倡的灰度思维也是超越了二元对立思维的一种系统思维、整体思维，是基于中国优秀传统文化发展出来的禅宗的思维。禅宗的不二法则，禅宗的整体思维、系统思维，本质上也是一种灰度思维。

任正非认为灰度是常态，黑与白是哲学上的假设，所以他说，我反对在公司管理上走极端，要提倡灰度思维，提倡系统思维。

2. 对“灰度思维”的几个误解

关于灰度思维，我想首先澄清一些误解，帮大家更好地去理解灰度思维。

第一个误解: **认为灰度就是中庸，灰度就是不需要黑白分明，就是不偏不倚，走中庸的道路**。我认为这是对灰度的一个误解，灰度是在黑白之间游走，有时候偏向黑一点，有时候偏向白一点，有时候深灰一点，有时候浅灰一点，完全是根据外部环境的变化不断去做调整，不断进行“度”的把握。所以它是一种动态的选择，是一种审时度势，是一种对“度”的把握。它需要的不是简单的折中和中庸，而是一种对矛盾的驾驭能力，是一种分寸把握的艺术。

第二个误解：**认为灰度就是实用主义，就要把事干成，为了目标的实现，不需要底线和原则，认为灰度可以无原则的妥协**。其实，灰度思维，虽然要懂得妥协，要懂得退让，但是退让和妥协是有底线的，是有原则的。**没有灰度的人宁折不弯，有灰度的人是弯而不折**。所以任正非对于核心价值观的坚守，是旗帜鲜明，绝对不和稀泥，不捣糨糊。也就是说对于原则问题，涉及价值观的问题，涉及经营底线的问题，绝对不能突破，必须要坚守，弯而不折，是有底线的灰度，有原则的灰度。

第三个误解：认为灰度就是混沌，就是“大概齐”；不需要精确，差不多就行；只需要务实，不需要求真。我认为，灰度恰恰是要既求真又务实，既要追求精确，又要追求模糊判别。在具体任务上，在绩效指标、流程制度上，要绝对不含糊，要明确执行，要精准到位，但是在总体上、系统上，则强调要有模糊判别，不需要过度较真。

第四个误解：认为灰度就是消极处事的态度，就是在混沌之中，凭着感觉过日子，摸着石头过河，不需要激情。我认为这也是对灰度的误解。其实灰度更强调混沌之中方向的正确、信念的坚定，灰度的管理思维既强调危机意识，尤其是在企业发展顺利的时候，但又在企业遇到挫折和问题的时候，强调乐观，强调奋发向上，强调对未来充满信心，用正能量牵引。所以你可以看到，在一个灰度的组织氛围之中，是既强调危机感、紧张感，同时又强调遇到挫折的时候要乐观，要奋发向上，要相信未来，要相信相信的这种力量。

第五个误解：认为灰度就是追求平衡、稳态，不需要打破平衡。我认为这也是对灰度的误解。灰度是不断寻求平衡又打破平衡，在打破平衡之中寻求新的平衡的一种循环动态调整，所以组织既要拉开差距打破平衡，同时又不能让这种差距过大，过度不平衡了，就要往回拉，要想尽办法实现相对的平衡，在平衡与不平衡之中进行动态地选择与调整。

所以灰度思维和灰度智慧在企业管理之中要得到有效应用的话，说起来容易做起来难。灰度的管理智慧要得到有效利用，第一，企业家必须要有大智慧，没有大智慧的企业家，是很难把握灰度的；第二，善用灰度思维的企业家，都是情商很高的企业家，都是内心强大的企业家，都是能够在错综复杂的矛盾关系之中合理地把握度，审时度势的企业家。

所以，不是谁都可以善用这种灰度思维，只有卓越的企业家，优秀的企业家，才是灰度智慧的应用高手。另外，**灰度的思维**

与灰度的智慧，往往需要在实践过程中，不断去悟，不断去修炼，最终才能有效地把握，所以说灰度思维也是种高水平的管理艺术和方法，很难学会。

二、灰度战略：方向大致正确，组织充满活力

企业要以灰度思维来指导自己的战略管理实践，尤其是我们现在所面临的是这么一个复杂多变的新时代，未来往往是无法准确预测的，要应对这种不确定性，要在混沌之中前行，最重要的战略思维就是任正非所提出的“方向大致正确，组织充满活力”，在践行这种战略思维时，还要注意“妥协”，妥协是灰度思维运用于实践的方法之一。

1. 不确定时代，企业要持续活下去的生存智慧

所谓，“方向大致正确”是指当战略很难精准规划目标时，只能保持战略方向大致正确，朝大致的方向先前进，再在行动过程中动态地进行战略选择与聚焦，这就是我们所讲的在一个错综复杂时代的一种战略思维。

“组织充满活力”是指在不确定时代，企业要持续地活下去，最大的战略思维就是要以内在的确定性，来应对外部的不确定性，这个内在的确定性就是组织始终要充满活力，要以组织的活力去应对战略方向的混沌和不确定性。

“方向大致正确，组织充满活力”就是说从企业外部来讲，企业要“低作堰”，要始终保持以客户为中心，以客户需求驱动，那么这个企业就能保证方向的大致正确；从企业内部来讲，企业要充满活力，要“深淘滩”，要通过加大对技术创新的投入、加大对客户需求的认知，通过双轮驱动机制，通过“以奋斗者为本，持续艰苦奋斗”，真正形成以客户为导向的奋斗机制，让整个组织充满活力，充满战斗力，那么这个组织就能够应对外部的不确定性。组织活力是组织健康与战斗力、免疫力的第一标志。活力里面最重要的是干部的活力，任正非最近有一个

讲话，“我们要用充满活力的干部队伍，去应对外部环境的不确定性”。

2. 妥协：灰度战略思维下的方法论与领导力体现

另外，灰度的战略思维体现在实现企业目标的过程之中，最重要的方法论就是妥协。妥协是实现战略目标，以及企业处理内外矛盾关系的一种有效的手段和方法论，妥协本身是一种务实的态度和理念，是打破极端思想与偏执的利器。一个企业在成长发展过程中，在实现目标的过程之中，面临着各种绕不过去的坎，面对绕不过去的坎时，该拐弯就要拐弯，该低头还得低一下头，该妥协还是要妥协，否则达不到自己的目标。

企业在实现战略目标的过程中还会面临各种错综复杂的矛盾。比如，要处理好眼前利益和长远目标之间的矛盾，要处理好不同利益相关者之间的矛盾。处理各种矛盾，就要懂得妥协，把握住各种矛盾的平衡，要善于抓住主要矛盾。

企业在决策的过程中，也要懂得妥协，按任正非所讲的，“相互之间相处的时候只坚持自己的意见，可能就不能团结很多的人，所以有时候需要绕一个弯，打一个圈”，你才能团结，才能综合更多的意见，才能吸纳更多的智慧，才能团结更多的人。所以面对众口难调、人多势众的时候，你需要妥协。

妥协在本质上是解决内外矛盾关系的一种务实的、通达权变的一种“丛林智慧”。任正非说：“凡是人性丛林里的智者，都懂得恰当时机接受别人妥协，或向别人提出妥协，毕竟人要生存，靠的是理性，而不是意气。”你要靠自己意气用事，你不懂妥协、退让，过于偏执，那你就可能被江湖所淹没。

另外，妥协就是要抓住主要矛盾和矛盾的主要方面，要把握方向，谋定而后动，要急用先行，不追求完美，要深入细致地做好每项工作。最后，战略决策的过程是一个灰色的过程，尤其是企业高层在进行重大的经营决策和战略决策的时候，必须要开放，高层必须要民主，要有开放的大脑、妥协的精神，这样才能集思广益，达成共识，形成群体智慧，才能形成力出一孔，利出一孔的内在凝聚力。

三、组织的灰度：开放、活力与提高综合作战能力

灰度的组织管理思维，我认为体现在三个方面：组织要保持开放；组织要激发活力；组织要提高组织能力，尤其是提高一线的综合作战能力。

第一，灰度的组织管理思维，要求组织打破边界，要跟外界进行跨界融合，使组织成为一个开放式的系统。

组织只有成为一个开放式系统，才能跟外部环境之间不断地进行能量的交换，才能不断地吐故纳新，像任正非所提出的“要炸开组织的金字塔，一杯咖啡吸收宇宙能量，一桶糨糊粘接世界优秀的人才和智慧”。组织保持开放是组织充满活力、充满能量、充满战斗力的前提，所以灰度的组织思维是反对组织走向封闭的，更强调跨界，更强调开放融合。

第二，灰度的管理思维，强调要激发组织内部的活力，更强调组织要打破平衡、拉开差距，真正做到以奋斗为本，持续艰苦奋斗，来防止组织的惰怠。

在一个不确定的时代，要应对外部环境的变化，企业唯一可以做的就是以内在的确定性来应对外部的不确定性。这个内在的确定性，就是任正非所提出的“组织要始终保持活力”。因此灰度的组织思维更强调一个组织不能过于稳态、不能僵化，组织要能够感受到来自市场的压力，要充满危机感，不能惰怠。任正非说“组织惰怠可以吞噬我们的光和热，使得我们这个组织缺少活力，缺少创造力”，所以他提出要引入“小熵”理论，不断去打破平衡，拉开差距，让人才在组织内部不断进行工作轮换、内外流动，引入竞争淘汰机制，让人才感受来自市场竞争的压力。要有“四能”机制，做到干部能上能下，工作能左能右，人员能进能出，待遇能升能降。企业要有危机文化，尤其在企业发展最顺

利的时候，大家自我感觉最好的时候，更要传递危机意识，整个组织一定要让员工有紧张感，一定要让员工不断提出挑战性的目标，能感受到来自外部市场的竞争压力。整个组织有紧张感，就有战斗力，组织最怕的就是惰怠、人员斗志衰竭、激情衰竭，整个组织松弛，等真到了打仗的时候，组织就没有战斗力。

第三，灰度的组织管理思维，最重要的就是要组织整体一体化的运作，要提高组织的整体作战能力。

灰度的组织思维要求，整个组织要一切以市场和客户为中心，眼睛要对着客户，屁股要对着领导，要以客户为中心去拉通组织与流程。只有这样组织才能打破本位主义、山头主义，组织才能真正面对市场，能够形成一体化的协同，从而去提高整个组织面对市场、面对客户的整体系统技能，提升整体的组织能力。

另外，灰度管理思维强调前、中、后台要一体化，强调要上升总部的资源集中配置能力和专业赋能能力，下沉一线的集成综合作战能力。作为总部来讲，要能够为一线战场提供空中支持、枪支弹药、好的粮草，同时，让听得见炮火声的人去做决策。一线能够呼唤炮火，总部能够提供各种赋能，组织就会提高一线的集成综合作战能力。所以灰度思维强调的不是一个组织单项的能力，而是一个组织整体的集成综合能力，整个组织一体化地去面对市场，面对客户，去为客户提供一体化的解决方案，去提高客户的综合价值体验，强调的是一个组织的系统力、整体力。

四、用人的灰度思维：抛弃非黑即白的人性认知，用人不追求完美

灰度的人才管理思维，在人力资源管理体系上主要体现在五个方面。

第一，灰度地认知人性。我们过去对人性的认识，是一个黑白二元对立思维。这种认知，认为人性不是善，就是恶；对人性的假设，不是经济人假设，就是社会人假设。按照灰度管

理理论，人性是黑白叠加的，是量子物理中的“态叠加”，善与恶、好与坏交融在一起，不能割裂开。所以**我们对人性的认识，要抛弃非黑即白、非善即恶的思维。人是一个善与恶、好与坏的综合体**。他能否朝善的方面去发展，既取决于他内在的价值追求，也受到环境的影响和引导，所谓“近朱者赤，近墨者黑”。

第二，激发人的价值创造潜能。在灰度的人力资源管理思维下，人力资源管理的核心目标，就不是简单实现人与岗位的最佳配置，也不是简单追求人的生产效率，它的核心目标应是要激活人的价值创造，激发人的奋斗精神，激活人的创新创业潜能，让每个人成为价值创造者，让每个人有价值地工作，实现人的发展。

第三，灰度的用人观。灰度的用人观强调，用人不要追求完美。金无足赤，人无完人，在用人上不要追求完美，最重要的是发挥他的长板，用人之所长。所以任正非提出，要坚决反对把精力用去补短板，追求完美，人最主要是发挥自己的优点，做好长板，再拼一块别人的长板，就能成为一个“高桶”。为什么要把自己变成完美的人呢？灰度的用人观主张“长板理论”，让每个人发挥自己的优势，个人的不足用团队来补齐。所以我经常讲，没有完美的个人，只有互补性的完美团队。

第四，灰度的组织氛围。灰度的组织氛围提倡开放、包容、融合。任正非提出，“我们不是培养和尚，培养牧师，我们是一支商业队伍，华为要容得下各类人才”。一个企业要“天下人才为我所用”，那么企业的文化就要足够的开放、包容。包容是肥沃组织的土壤，包容能够拓展组织和人才生存发展空间，可以激发人的内在价值创造潜能。任正非提出，公司要宽容“歪瓜裂枣”的奇思异想。可是以前一说“歪瓜裂枣”，他们就把“裂”字写成了劣等的“劣”，任正非说你们搞错了，枣是裂的最甜，瓜是歪的最甜，虽然“歪瓜裂枣”表面上不好看，但他们可能恰恰就是企业未来所需要的人才。灰度的组织氛围，既要对人才提出严格的要求，同时又要包容、宽容。

第五，人才发展的灰度思维。灰度的人才思维强调人要善于自我批判、自我超越，始终保持空杯心态。自我批判的人才机制，是提升人才灰度管理水平的一个有效途径。人不可能不犯错误，但要有自我批判精神；一个人能够不断从错误之中去反省，从错误之中总结提炼经验，那就能够不断成长。“出淤泥而不染”，一个人只有在污泥里面待过，他才具有免疫力，如果这个人从来都没有蹚过污泥，他就没有免疫力，他就不了解底层到底是怎么运作的，不懂人情世故。从这一点来讲，就是我们说灰度的人才发展思维，最重要的就是要到一线去锤炼，要从“泥坑”里爬出来，要有自我批判精神。也只有经受住各种磨难的人才，才有持续的战斗力，能够解决复杂困难问题，能够打胜仗。灰度的人才发展途径与发展路径，是真正锤炼人才、培养人才的最有效的手段。

打造持续打胜仗的铁军

在数智化时代，基于生态的战略思维，企业之间虽然更倡导共生、共赢、竞合的理念与思维，但我们不得不承认，市场经济的本质还是竞争。一方面，企业内部要想充满活力，就要适度竞争、优胜劣汰，要以奋斗者为本，内部才能真正充满活力；另一方面，从外部来讲，企业要有产品市场的竞争能力，市场只承认持续打胜仗的成功者，如果企业没有内在的核心能力，没有竞争能力，无法赢得竞争，自然会被淘汰出局。所以，提升企业的内在竞争能力，在市场中不断打胜仗、活下去仍然是企业最高的生存法则与最高的战略。

那么华为是如何活下去的？如何在全球企业的竞争之中持续打胜仗的？又是如何打造一支胜不骄、败不馁，敢打仗、能打仗、不断打胜仗的商业铁军军团的？我认为主要有六个方面。

华为是如何活下去的？如何在全球企业的竞争之中持续打胜仗的？又是如何打造一支胜不骄、败不馁，敢打仗、能打仗、不断打胜仗的商业铁军军团的？

1. 让打胜仗的思想成为一种信仰

任正非是军人出身，所以他善于把军队打胜仗的思想和策略引入企业经营管理活动之中。他引用美军马丁·邓普西上将的话，“没有退路就是胜利之路”，要让打胜仗的思想成为一种信仰。所以对华为来讲，打胜仗这种思想已经变成华为人的一种信仰、一种追求、一种血液里面流淌的基因。

那么一个企业如何让打胜仗的思想成为一种信仰呢？我认为主要有两点。

第一，首先是要让战士知道为谁打仗，为什么要打仗，也就是说，需要使命驱动。只有使命驱动的战士，打仗的时候才会不顾一切，有奉献精神，不怕死。如果战士是为十块大洋去打仗，他肯定会怕死。所以华为一直坚持“两手硬”：物质与精神双轮驱动，既给足钱，同时又靠理想与信念去牵引。正如任总所说的，华为人是为了理想而奋斗的，所以才会对研发做长期的投入，对长期的利益坚持奋斗。所以要让打胜仗成为一种信仰的话，首先需要使命驱动。

第二，要有必胜的信念和信心。在战场上，打仗拼的是气势和勇气，尤其是敢跟高手过招的气势和勇气。当年抗美援朝，中国共产党军队敢于跟世界上最强大的美国打，靠的就是气势和勇气。

1998 年，华为还是个小公司，面对电信行业中世界级强大无比的竞争对手，任总就提出，“后退是没有出路的。面对强者，我们后退是没有出路的，落后只有死路一条，唯有狭路相逢勇者胜。所以我们要针对自身建设上的弱点，毫不遮掩地揭露和改正我们所存在的缺点和问题，使我们真正健康起来、强大起来，强大到足以能够参与国际竞争”。华为正是靠与高手过招，不断得到成长、不断得到壮大。2003 年，思科为了阻击华为的国际化，起诉华为侵犯它的知识产权，起诉内容包括 20 多项罪名，力图把华为打趴。面对思科的咄咄逼人，任总又指出，敢打才能和，小输就是赢，所以华为当年派出了强将郭平，组建应诉团队赴美国去打官司，最后跟思科达成了和解。正是因为这一次诉讼，华为在国际上一战成名，使得全世界都知道中国有个华为公司，他的技术、产品一点都不输给思科。因为跟思科敢打、敢战，华为的产品赢得了国际的认可与信赖，华为成为世界第一，5G 技术全球领先。美国这两年举国家之力、举全球之力，试图把华为打趴下，在这么一种恶劣的环境下，华为唯一的选择是什么？还是以勇于亮剑的这种气魄，理直气壮地走独立自主的路子，去开发自主的芯片和操作系统。面对美国的强烈打压，华为不仅没有被打趴，而且华为的凝聚能力、奋斗精神、创新能力，比以往任何一个时候都更强。

2. 打造一支能带队伍打胜仗的干部队伍

任正非提出，上甘岭上出干部，将军是打出来的。选拔干部从哪选呢？要大胆从火线之中去选拔，在战壕之中提拔干部，坚持从有成功实践经验的人中选拔干部，优先从成功队伍中选拔干部。换句话说，要从能打胜仗的干部之中去选拔、提拔干部，那么这种干部就一定能够带着团队去攻山头、打胜仗。所以要打胜仗，关键是要有能够带队伍打胜仗的干部队伍。

3. 构建以胜利为目标的授权体系

华为之所以能够持续打胜仗，最关键的是华为构建了以胜利为目标的授权体系。任正非指出，一切为了前线，一切为了胜利，要让听得见炮声的人去做决策。要让一线能够攻山头，能够打胜仗，那就必须要为一线提供赋能，就必须要让听得见炮声的人去做决策。所以华为赋予了最基层的作战业务单元最大最多的决策权，通过分层的授权体系，根据不同客户等级，客户信任，授予不同一线销售负责人差异化的权限，让他们能够根据市场的变化，获得相应资源和授权。这样就提高了整个组织面对市场、面对客户需求时候的反应速度。

要让一线能够打胜仗，华为的另一种做法叫“少将班长”，就是直接在一线带兵、面对客户的班长，他们可不是一般的基层干部，他们的级别往往是职级达到 18 级至 20 级的将军。在华为的体系之中，谁掌握着客户的需求，谁就有最大的发言权，所以在华为有将军级别的班长，正是因为这些将军级的班长冲在一线，他可以通过若干业务流程，来指导后方的资源支持华为平台的研发、供应链、技术等服务部门。企业的一切都是为了客户的成功，因此需要无条件地支持与服从班长的指挥。所以从这个角度来讲，不管是华为的铁三角，还是将军班长，都是因为手中有资源，能够调动炮火，所以他们能够持续打胜仗。

4.“胜则举杯相庆，败则拼死相救”的团队协同合作精神

华为之所以能打胜仗，就是有“胜则举杯相庆，败则拼死相救”的团队协同合作精神。“胜则举杯相庆”，可以激发员工对胜利的渴望，大家打了胜仗一起举杯相庆，获得欢快感、成就感、满足感，从而激发人下次要打更大的胜仗。“败则拼死相救”，则体现了一种不怕失败、同仇敌忾、共同御敌的团队合作精神与舍生相救的战友情，华为一线之所以能够不断打胜仗，最关键的是各个团队之间、员工之间彼此协同，真正遇到困难和挫折的时候，不会观望，大家都扑上去，拼死相救、共同御敌，真正体现出了一种团队协作的精神。这种团队协作的精神、舍生相救的战友情谊，增强了华为的协同能力、凝聚能力，使得整个组织变得非常强大。

5.“红军蓝军”制度

要想打胜仗，必须要有打胜仗的策略，要巧打，有智慧地打，有准备、有把握地打，华为有一套锋利如刀的策略，就是“红军蓝军”制度。2006年，任正非下令在华为引进“红军蓝军”制度，“红军”是华为的业务发展部门，“蓝军”就是扮演的假想敌对部门。“蓝军”主要是通过模仿对手的作战特征，与“红军”进行对抗性的训练。“蓝军”的使命与职责就是从不同的视角和角度去观察公司的战略与技术发展路线，进行逆向思维去审视论证红军在战略、产品、解决方案上是否存在漏洞或问题，模拟对手的策略去想尽办法否定“红军”、打败“红军”。“红军”经常与“蓝军”交手，就能预见到在打仗的时候可能遇到的各种问题、困难，把本身机体上的毛病提前治好，这样就有策略、有智慧、有能力去打胜仗，使得打胜仗有保障。

这种“红蓝军”对抗的方式，使得华为的“红军”在与“蓝军”过招、对抗的过程中，不断得到系统性的能力提升，使得整个组织机体保持健康。“蓝军”在华为的地位是很高的，华为的高管必须要有在“蓝军”任职的背景。华为之所以能够持续打胜仗，我认为就是因为华为有“红蓝军”的对抗，使“红军”能够预先应对各种突发事件，关键时刻不掉链子。

6. 以持续胜利为目标，构建了不依赖人的组织与强大的管理体系

华为之所以能够持续打胜仗，我认为就是因为华为以持续胜利为目标，构建了不依赖人的组织与强大的管理体系。也就是说，华为将能力建在组织上，建立在管理系统上。华为的这种组织能力能够为每个个体赋能，组织平台可以成为个人能力的放大器。同时，以客户为中心的端对端的流程以及强大的管理体系，能够为前方打仗去协调、配置资源，去提供专业化的赋能。这是华为一线能够呼唤到炮火，能够打胜仗的关键。所以一个企业想持续打胜仗，他就必须要有强大的组织能力、管理系统做支撑，唯有如此，企业的成功才不再是靠个人能力，而是靠组织、系统能力。这就是华为能够持续打胜仗、打大仗的关键。

（本文依据彭剑锋教授微信视频号的内容整理）

视野

CHINA STONE▶▶

“问题出在前三排，根子还在主席台”，这是组织管理中的一句俗话。瓶颈一定在上面，树死一定从树根开始。一个企业的发展瓶颈往往都在上面，企业的高层管理团队对一个企业发展壮大至关重要。卓越企业一般都有一个卓越的班子。

——陈　明

首席人才官如何当家

■ 作者 | 刘 辉 青贝克创始人、中国人力资源开发研究会智能分会会长

HRVP 要解决 CEO 关心的十大难题，其中很重要的方法就是用数字化和智能化解决。

数智时代，人才会更加重要，对人才的依赖性将开始大于对资源和设备的依赖。以我自己的经历来看，我在摩托罗拉任职的时候，当时的劳动力成本占总成本比例是 5%~6%，而当到了互联网公司的时候，劳动力成本占总成本的 50%~60%，从这一个角度来说，人才成本在公司的成本中变得很高了。

同时出现的一个现象是，人才之间的差距拉得更开。比尔·盖茨曾讲到，当年微软一个好的软件工程师可以顶替 10 个一般的软件工程师，亚马逊 CEO 杰夫·贝索斯也曾讲过，亚马逊一个好的软件工程师可以顶替 100 个一般的软件工程师， 10 和 100 虽然都不一定是真实的数字，但更像中国老话说的“以一当十、以一当百”，优秀的工程师或人才，与一般的人才之间差距太大，所以每个企业都在拼命地找人、争人和抢人。当然，争抢的都是优秀人才。业界对优秀人才没有明确的定义，但一般会认为学习能力强、技能独特或高超、特别适合行业和企业发展的人才就是优秀人才。

在人才变得越来越重要的同时，企业里有一个职位变得更加重要——首席人力资源官（也称 CHRO）。对于首席人力资源官如何发挥重要作用，拉姆·查兰和戴维·尤里奇两位著名的管理大师却有着不一致的观点，而我恰好跟两位都有深度的交流，让我们来看看两位的核心观点，或许对正在实践中的首席人力资源官有些新的启发。

CHRO 要成为企业 G3 成员？

关于如何让 CHRO 发挥更大的影响力？查兰的观点比较激烈，他认为应该让 CHRO 进入公司 G3 核心团队，即 CEO、CFO 和 CHRO 的三人核心团队，为什么？他认为过去资本比较重要，而现在人才重要，所以要把管理人才的 CHRO 加入三人核心团队，这样 CEO 管好方向，CFO 管好钱，CHRO 管好人才，三者相互促进。

我和查兰经过讨论，对于如何做好 CHRO 交换了看法。关于在人才优先的战略背景下，CHRO 要提高影响力的几个途径。

首先，CHRO 要成为 G3 核心团队的一员，而如何成为 G3 团队的一员，可能有很多种方法，最重要的就是具备应有的识人用人的能力，然后要制订一个目标或可实现的愿望，最后努力成为 G3 核心团队的一员。

拉姆·查兰有本书叫《人才知识》（《*Talent Wins*》），这本书是写给 CEO 的，书中讲到 CEO 与 CHRO 之间要达成共同的认知——人才很重要，所以管人才的一定要与管钱的共同管理公司。

“拉姆·查兰认为，现在公司的大部分核心价值是由2%的人所创造，所以要把那2%的核心人才找出来，这就是CHRO的核心责任。”

其次，CHRO 的工作重点是找人才。拉姆·查兰有一个关于人才的理论是“2% vs 98%”，过去都在讨论 20/80 原则或 25/75 原则，即 20% 的人创造 80% 的价值，而拉姆·查兰认为，现在公司的大部分核心价值是由 2% 的人所创造，所以要把那 2% 的核心人才找出来，这就是 CHRO 的核心责任。CHRO 首要的工作是找到这些人，并且能有效地配置人才，使这些人能在合适的位置上发挥关键作用，这是查兰一直在强调的。那具体要如何找到这些人呢？查兰特别提到，CHRO 应重视数字化和智能化，通过数据分析和数据归纳法，以及对数据的理解和数据的敏感性，具备管好数据、用好数据、分析好数据的能力，然后把数据当成人力资源的核心竞争力。

此外，拉姆·查兰还有一个观点是希望 CHRO 去业务部门轮岗，这就能很好地掌握业务部门的一些知识，我也觉得确实有必要。现在很多互联网公司，把做业务的员工调到了人力资源的岗位上，但真正实施还需一段时间。我自己在做 CHRO 之前，就是从业务部门与 HR 之间互相轮岗开始的，轮岗的好处是可以轮去也可以轮回，很多人觉得 HR 的工作业务部门也可以做，但我认为，**HR 的工作只有业务部门中优秀的人才可以做。**

CHRO 具备影响力的关键是无私

我与查兰还讨论了 King 与 King Maker 的问题，其中一个观点是 Talent is king（人才制胜），Talent 固然很重要，而谁是让 King 创造价值的人更重要，我们可以称为 King Maker（造王者）。那么，**究竟谁是领军人物的“造王者”？是 HR 主管，还是业务主管？**

决定领军人物的问题很尖锐，HR 肯定有自己的解决方案，如果和业务部门意见相反，那么 HR 一定要有坚定的理念、信心和信息来证明你所判断的人才是正确的，这就是作为一名 HR 的价值。当然在此方面，方法也很重要。CHRO 要施加影响力，前提是自己的能力与工作真正具备影响力。拉姆·查兰给出了 CHRO 八大核心能力，包括精通业务、识人用人、组织诊断、外部人才、正直勇敢、不计私利、胜任 G3、与 CFO 协同。其中的“不计私利”指的是 CHRO 在组织中，如果一心想着要升职、获得更多权力或获得局部利益，那永远都做不好 CHRO，CHRO 最重要的就是没有私心。

因为 CFO、CHRO 和 CEO 都是中性的，都是站在公司的立场上希望企业整体好，其余任何的业务部门虽然也从高层出发，但也有自己的局部利益考量，HR 有时会为了 HR 部门也会存有私心，此时 CHRO 要能够从大局出发站出来，让 CEO 和 CFO 共同看到你的无私，这很重要。

此外，如何与 CFO 协同？其实财务与 HR 是“天敌”，本来很难变成朋友。因为财务讲求效率、资金效率和风险，而 HR 讲求质量和公平正义。最近很多公司出现了公平正义的问题，原因就是 HR 的工作没做好。**HR 不仅要做好公平正义，还要注重人才质量，其实 HR 也管提升效率，就像业务部门一样，这是**

HR 的两个核心抓手。

CHRO 强调质量和公平正义，CFO 强调效率和风险，CEO 强调业务的发展及战略，三者相辅相成。如果大家考虑的角度一样，那么就能发挥出 G3 的乘数效应。

我们一致认同的是，HR 固然要从效率的角度出发，成为业务部门的“死党”，但任何时间也不要忘记自己还身兼公平和正义的职责。

总结而言，查兰关于人力资源的主张深受 GE（通用公司）的影响，他的核心观点是 CHRO 要更多地聚集在高效、合理地配置关键人才，而不要把精力过多地放在事物性、流程性的工作上。所以他主张企业不要设那么多传统的人力资源的部门，并不是真的要“炸掉”人力资源部门，而是希望人力资源部门能站在 G3 核心团队中，多思考为公司寻找到那 2% 的人才。重视人才，尤其是重视真正为公司创造价值的那 2% 的核心人才，这是查兰主张设立 G3 的逻辑。

戴维·尤里奇：通过组织管理系统成就优秀企业

拉姆·查兰的“对手”，戴维·尤里奇又是什么观点呢？

我曾与尤里奇做过一次关于组织管理系统（OGS）的对话，尤里奇认为企业先不必要“炸掉”哪个部门，也先不必判断重点与不重点，因为有很多人力资源的事务性工作等着处理，所以需要很多抓手和活动，**究竟哪些抓手或活动对公司产生的效果最大？或公司希望在哪方面产生最大的效果？这就需要用一套系统工具找出来，即 OGS。**这个 OGS 涵盖 37 个象限、5 个维度。5 个维度是：员工、战略、客户、财务系统和社会责任，共计 185 个单元。

尤里奇称，一个好的 CHRO 需要把员工、战略、客户、财务系统和社会责任五个维度细分成 185 个单元，找出重点并予以实施。那需要什么样的核心能力呢？**戴维·尤里奇提出了 HR**

的九大胜任力模型，其实这九大能力可分为三个方面：①战略定位者、矛盾疏导者和可信赖的行动派，这是战略推动力；②文化变革倡导者、人力资源的引进者和薪酬福利大管家，即招聘、培训和激励；③合规管控者、数据的设计和解读者、技术和媒体整合者，这是根基。

尤里奇把 HRBP、COE 和 Share Service 按照不同的角度，进行了切分，因为人力资源的主管是既管 COE，又管 HRBP，也管Share Service,那么人力资源的主管就应该具备这九大能力。

> 尤里奇称，一名好的CHRO需要把员工、战略、客户、财务系统和社会责任五个维度细分成185个单元，找出重点并予以实施。

例如矛盾疏导者，如何解决组织中不流动的“水”，从 COE 的角度来讲，将各种矛盾有效地解决是非常重要的。相对来讲，培训不是那么重要，重要的是文化与变革管理，把已经不活跃的组织变成活跃的组织，这样更加便于吸引外部人才和激励人才，除此之外，还要做好企业健康管理，尤里奇的思考很全面，我非常认可。一名好的 HRG（HR Generalist）或 HR 主管，如果都具备这九大核心能力肯定会有所建树。

有很多业务部门的人想转到 HR，虽然他们业务能力很好，但对这九大能力认知还差得很远。但如果是掌握了这九大能力的 HR，去业务部门任职也不是难事。

CHRO 要解决 CEO 所关心的问题

我在查兰和尤里奇的观点基础上提出，首先 CHRO 要和 CEO 配合，要解决 CEO 所关心的问题。那 CEO 关心的人力资源的问题有哪些？

第一，谁是最好的人，最匹配的人，是否穷举？CEO 在问

HR 从外面找的人是不是最好的、是不是与公司最匹配、是不是用了“穷举”的方法时，用过去有效边界的办法是很难解决这个问题的，例如现在像北森这些优秀的招聘公司就能解决这样的问题，最好是能够用穷举和机器算法做到人才的适配。

第二，培养谁，如何培养，谁是有潜力的人，谁能领军？这是解决人才潜力的问题，例如过去找人才是靠偶遇，靠所触达的范围；现在只要有充分的数据，就会得到谁是最有潜力的人，谁最后能够领军，因为数据和算法可以帮你解决。

第三，谁的贡献强，谁会陪伴，谁会走，谁会留？其实CEO 所关心的是谁对企业比较忠诚，谁会有黏性，如何解决？如果企业只有二十来人就很好解决，但如果有一两万人，甚至三五十万人，该如何解决？同样，也是有系统和数据算法来解决。

第四，谁的贡献大，谁创造的价值高？其实这是绩效管理的问题，过去是靠周报、月报和一年四次的绩效管理来体现谁的价值贡献大，但如果有足够多的方法和数据，它们会告诉CEO 谁的贡献最大，这就是隐性价值和显性价值。

第五，CEO 会问谁是苏秦、谁是张仪、谁是云长、谁是子龙？这是在问谁是特殊人才，每一个优秀或不优秀的人才，都有自己的特点，即张仪有张仪的特点，云长有云长的特点，要更好地利用人才特点，形成互补性。

第六，哪个组织比较稳定，哪个组织风险高？要找出一群人的特点，包括组织的划分。现在很多公司转型难，其实就是因为组织转型很难，既得利益太明显。所以一家公司发展到一定阶段要想转型，就要先解决组织创新性的问题。那如何解决组织创新性的问题？其实就是要看哪个部门创新能力更强，哪个部门特别愚钝。这样企业就会知道要在哪里发力。

第七，哪个群体文化好，哪个群体出英雄？老话说先进团队出干部，其实就是这么回事。先进的团队指的就是先进的文化团队，例如解放战争时期的三十八军也好，三十九军也罢，他们就是以勇敢、拼搏和能打胜仗著称，并在艰苦环境下形成了一些优秀传统，这些优秀传统会锻炼出一批英雄。

第八，领袖思想是否在传播，是否深入人心？ CEO 作为领军人物有很多思想和想法，而这些想法是否落地，可能真的需要好好落实。把 CEO 的思想传播下去对还是不对？如果思想能够生根发芽就是正确的，因为这能够产生价值，但如果不生根发芽，CEO 还能有一个反馈来修正。

第九，哪个组织创新性强，哪个组织有战斗力？

第十，战略是否落地，群众是否认同？

CHRO 如果能够解决上面这十个问题，不管用人工、智能、系统操作等方法，还是自身的第六感官，都是非常合格的 HR。所以我们还要是回答，HR 如何实现企业的“人才制胜”？

抓住八大要素实现人才制胜

我的实践与研究结论是：HR 要具备八大要素或八项能力（见图 1）。

第一项能力是人才管理能力。对于一名 HRVP 或 HR 领军人（CHRO、CPO）来说，其实管好人才就是管好核心班子和关键人才，关键人才类似查兰的 2%，但核心班子并不一

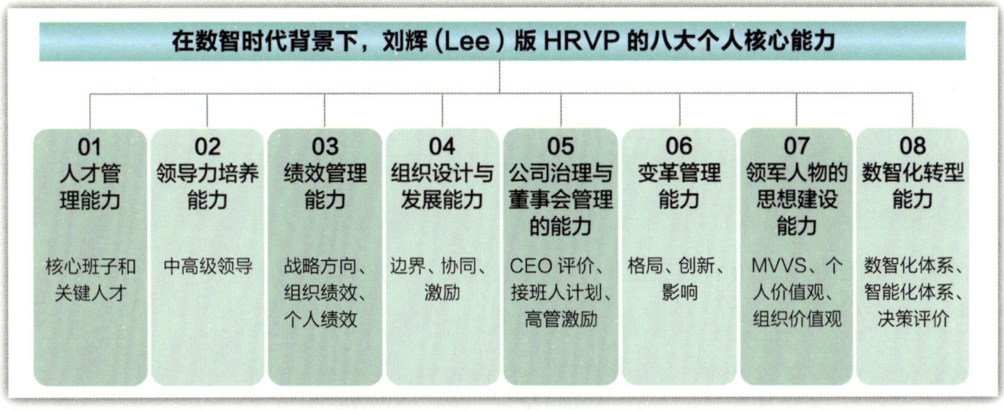

图 1　HRVP 的八项个人核心能力

定是那 2%，这里指的是 CEO 的核心班子。我的理论是 HR 的主管要与 CEO 配合，并能够公平正义地解决好 CEO 的核心班子和关键人才的问题。

第二项能力是领导力培养能力。什么是领导力？领导力是一家公司最重要的核心能力，也是中高级干部如何带领团队打胜仗的能力，同样也是带领团队按照我们的逻辑、方法和文化打胜仗，这就是领导力。这不是靠运气，而是按照某种章法和技巧来带领团队。

第三项能力是绩效管理能力。这是解决好价值创造、价值评价和价值分配的问题，因为绩效管理是风向标。尤里奇曾说过要解决 accountability（问责制）的问题，实际上就是价值创造、价值评价和价值分配。

第四项能力是组织设计与发展能力。这项能力是不是 COE 的问题，如果公司有三人核心团队的话，其实组织边界、组织协同和组织激励的问题很好解决，其中组织设计最重要的是解决组织协同的问题，而组织激励次之，最后组织边界是一个不断磨合的过程。组织协同是个世纪难题，但在组织设计和组织发展中会得到部分解决。

第五项能力是公司治理与董事会管理的能力。HRVP 或 CHRO 还要解决好高管接班人的问题，现在中国的企业，特别是民营企业的领军人物接班人的问题引人注目，但都没能很好地解决，尤其是富二代接班的问题没解决好。传统的公司、互联网公司和非互联网公司的一号人物退位以后的接班人也没有很好地解决，其中 HR 有很大的责任，HR 不独善其身或许会有更好的解决办法。

第六项能力是变革管理能力。主要是指在公司经营一段时间后做的新的二次曲线，如果在原来的曲线上不断奔跑，我认为不要做太多的变革管理，做好激励往前冲就行了。如果公司需要二次曲线、三次曲线才能走得更远，那么变革管理就很重要。

很多人说变革管理的现状是“脑子到了手脚还没有到”，其实很对。很多人看着方向清楚，可就是走不过去。比如，摩托罗拉、诺基亚和苹果都有这样的问题，其实未来的发展趋势它们都看到了，但就是手脚跟不上，没办法落地实施。

2018 年以前，我曾观察研究了全世界 64 家大型上市公司的变革管理，即“二次曲线”，但几乎都没有成功，只有两家公司算是做成功的，一家是微软，另一家是 IBM。在国内，我认为百度在做变革管理中的第二次曲线还是有可能成功的。

第七项能力是领军人物的思想建设能力。我的理论是 MVVS（Mission、Vision、Value、Strategy），HR 应该帮助不同的团队，上到 CEO 下到业务主管经理。每个组织都有自己的 MVVS，这样让领军人物的思想透过 MVVS 系统层级地传达下来。

第八项能力是数智化转型能力。我认为这是最重要的能力，这也是我一直倡导的核心内容，即数智化的体系、方法和评价。为什么？我希望让中国的人力资源管理按照数字化、智能化的轨道往前更快地奔跑。

过去的四五十年，人力资源的发展核心理论和实践大都分布在欧美，包括加拿大和澳大利亚，那么接下来的数字化和智能化的实践和优秀的模型，可能就会在中国这片土地上快速发展。现在的中国经济总量居世界第二，但是我们的数据和数字化程度即使不是第一也将要变成第一，这是我的判断。

解决 CEO 关心的十大难题，其中很重要的方法就是用数字化和智能化解决，特别是决策智能可以帮助企业判断人力资源想判断的所有事，加之人力资源主管或人力资源从业者的智慧判断，方能解决企业中很多问题。

最后，总结一下，查兰喜欢强调人才管理，不看流程制度，所以他的观点是要组建一个三人核心团队，少插手事务性的工作。而尤里奇对此表示没关系，可以是全方位地输出，由

COE、Share Service 和 HRVP 来协同工作，但要用系统的方法找到重点，有的放矢解决业务问题。我的观点则是：人力资源部门是否“炸掉”都没关系，但要用数据说话，用数据把人力资源的体系和数字化、智能化做好，在此基础上判断人才、组织和文化时，就有了数据和算法的支撑，再结合人类自己的智慧，最终的判断会更加准确，这样 CEO 或 CHRO 无论什么地方都可以看到同样的数据、算法和结果。

我所在的中国人力资源开发研究会智能分会（China Intelligence Management Association，CIMA），其核心使命就是推动中国人力资源的智能化进程和中国企业的数字化发展，因为人力资源的数字化进程和企业的数字化发展相辅相成。所以我希望人力资源的智能化走得更远，这也是智能分会的成立初衷。

此外，把中国人力资源的数字化、智能化做得更好，也是为了让企业中的 CHRO 有个隐形的帮手，从而推动公司业务的快速发展，我的愿望是接下来的几十年，中国人力资源到了对世界作贡献的时候，希望大家一起从不同的角度分享实践、不断地总结，推进中国人力资源的发展，特别是中国人力资源的数字化和智能化的进程。

（本文根据作者在“HR 先锋思想讲坛”上的演讲录音整理）

雷军在金山
——金山组织变革的启示

■ 作者｜陶国兴　华夏基石公司项目经理

组织变革对于企业来说，已经不是一道选择题，而是一道必答题，企业家更多应思考如何能确保组织变革的顺利推动，而非变革的必要性。

2021 年，在小米成立十周年主题演讲中，雷军做了“我的梦想 我的选择”主题演讲。雷军提到，他除了作为小米的创始人外，还有另外一个身份：金山集团董事长。在金山的这一段旅程，他概括为情义无价。那么，雷军到底在金山做了什么，让一个曾经士气低迷、濒临倒闭、收入不足 10 亿元的企业，仅用了 10 年成长为营收超 120 亿元的企业？了解雷军的变革方法，或许能为很多处于发展期、转型期的企业提供一些转型变革思路。

一张纸的金山改造计划

在一次核心高管的会议上，雷军用一张白纸，写下了他对金山的改造计划，并发布到他的微博。

1. **关停并转**。聚焦 WPS、网络游戏和金山毒霸三大核心业务，退出所有无关业务。

2. **包产到户**。把事业部子公司化，授权子公司管理层直接决策，并制订管理层持股计划，同时积极引进外部投资者，鼓励子公司在合适时机单独上市。

3. **放水养鱼**。着眼公司的长期发展，放下短期的业绩压力，坚定推动公司全面转型移动互联网。

4. **腾笼换鸟**。在聚焦主业后，用腾出的资源重新布局未来

10 年的新业务，All–in–Cloud。

5. **筑巢引凤**。人才是把企业做好的根本，“内部提拔 + 外部引进”，把团队建设当作头等大事来抓。

从管理逻辑的角度，对雷军的改造计划进行拆解后重组，发现他主要开展了以下变革举措（见图 1）。

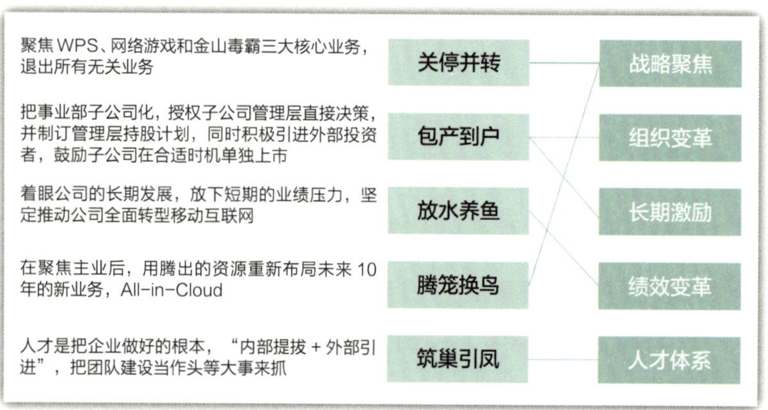

图 1　雷军金山改造计划变革逻辑

第一，战略聚焦。关停并转和腾笼换鸟，实际上就是对金山战略进行系统梳理，重新聚焦资源到核心业务上，并投入资源布局到未来 10 年的业务中去。

第二，组织变革和长期激励。“包产到户”最早是安徽小岗村农民首开先河，邓小平总结并推广到农村改革中的一句话。从管理的角度去拆解，实际上就是给予员工充分的授权和超额利润的分享，从而极大地调动组织和个人的积极性。

第三，绩效变革。放水养鱼提到要放下短期的业绩压力。这是因为，绩效是管理的指挥棒，如果要推动全面转型，同样需要在绩效上进行变革，只有对绩效进行变革，才能促使改革方案落地。

第四，建立人才体系。筑巢引凤，人才是企业发展的动力源泉。

从以上的改造计划来看，雷军抓住了矛盾的主要方面，从战略、组织、激励、绩效和人才 5 个维度循序铺开。然而企业变革除了这 5 个主要方面外，还有其他变革计划，也不得不关注。下面将结合项目经历详细地阐述企业变革实操路径。

企业组织变革重点与路径

(一) 明晰治理结构是企业变革的前提

雷军在金山改革中，也是这么操作的。雷军答应领导金山后，原创始人求伯君和张旋龙分别出售了 9.79% 和 5.88% 的股权给腾讯，并且将出售之后保留股权的法律效力全权委托给了雷军，让雷军在金山掌握了绝对的话语权，为后续的金山改革扫清了控制权障碍。

变革一定会触及企业的权利格局和利益格局，没有稳定的治理结构和领导者绝对的支持，企业变革很难取得全面成功。这就是为什么历史上商鞅变法取得了巨大的成功，而吴起变法却功败垂成。

(二) 组织变革十一法

有了清晰的治理结构和领导者的坚定支持后，企业变革便成功了一半，另一半则是专业层面的工作。结合约翰·柯特《领导变革》总结的变革方法和笔者的变革经验，总结组织变革十一法（见图 2）。

1. 营造氛围

领导者要善于寻求机会在组织内部营造变革的氛围，也就是变革的紧迫感，来提高员工的参与度，让全体员工都感受到变革的紧迫性，对变革的成功可起到事半功倍的效果。营造变革的紧迫感，可通过分析企业所在行业的竞争地位、内部的管理问题，让管理层如坐针毡，让员工知耻而后勇，那么变革的氛围营造就成功了。

比尔·盖茨说，“微软离倒闭永远只有 18 个月”，任正非总在内部讨论华为能不能活下去，总在讨论华为如何过冬天。这都是企业家忧患意识的传递。

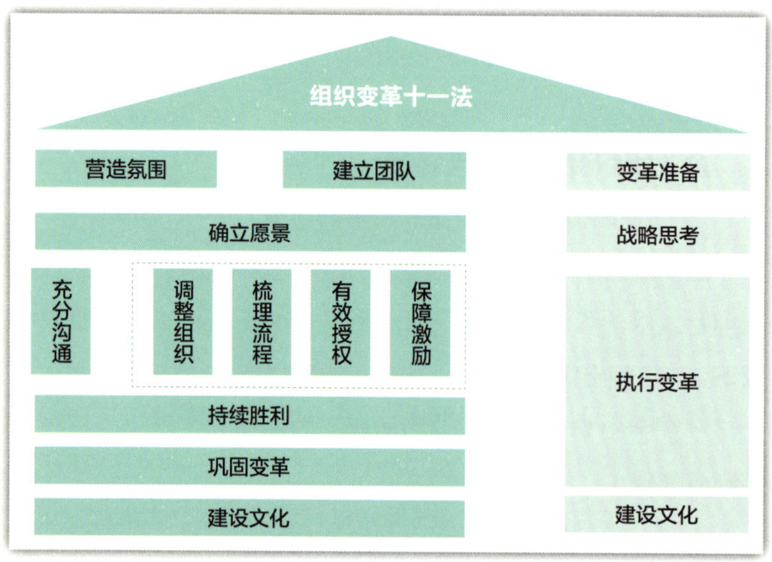

图2　组织变革十一法

2. 建立团队

变革的推动需要一群人，根据笔者的经验，变革团队成员通常由企业内部一群志同道合、危机意识较强的人和企业外部变革经验丰富的专家组成，方可有效推动变革。商鞅变法启动前，秦孝公便为商鞅配备了几位年轻的、积极拥抱变革的干部作为变革的核心人员，而不是位高权重的氏族大夫，可见一斑。

3. 确立愿景

变革初期确立愿景，可充分凝聚变革的群众力量。当然，对企业领导者而言，推动变革既可以通过组织赋予的权力强硬推动，大刀阔斧。也可以依靠沟通技巧说服员工参与。但最好的方式，是塑造一个有吸引力的、对大家都有益处的共同愿景。愿景通常应是长期的，能反映企业所在领域的江湖地位。

小米的愿景：让每个人都能享受科技的乐趣，和用户交朋友，做用户心中最酷的公司。

华为的愿景：丰富人们的沟通和生活。

迪士尼愿景：成为全球的超级娱乐公司。

变革愿景确立后，还需要进一步细化为近3~5年的中长期战略目标和下一年度的经营企划，从而为后续的工作指引方向。

战略目标梳理是极为困难的工作，对处于复杂行业环境中的企业，未来很难预见。这也正是雷军在金山发挥的最大作用，他利用极强的行业敏锐度和对未来的判断，在一团迷雾中指明了未来的发展方向。接下来便是专业层面的工作。正如时任金山CEO的邹涛在一次全体干部会上对雷军说："其实你回来给我们指明一个方向就行，我们的执行力都是超强的，再说这点儿活儿在这里都存续这么多年了，我们已经干得贼熟，不需要你再当劳模了。"

4. 充分沟通

变革工作是复杂的，充满未知和不确定性的，企业如果不能明确地将变革的意图和策略传递给员工，那必将会让变革遇到很多不确定性。在变革工作开始后，与员工之间充分沟通便尤为重要。

变革领导团队也应建立好沟通机制和沟通渠道，不断将变革工作与员工进行充分沟通，常用的沟通渠道和沟通机制（见表1）。

表1　常用的沟通渠道和沟通机制

序号	沟通渠道	沟通机制
1	年度战略总结和发布会	每年年初召开
2	季度经营分析会	每季度召开，根据企业财务数据发布时间
3	月度管理会	每月初召开
4	部门周例会	每周一上午
5	跨部门协调会	根据工作进度
6	早餐会、午餐会、企业内部期刊、公众号发布等	根据工作进度

5. **调整组织、梳理流程、有效授权、保障激励**

组织变革大多伴随组织架构的调整，根据战略调整、所处的行业、发展阶段以及竞争对手情况匹配适合当下的组织架构，从而保障战略的实现。组织调整到位后，需紧接着梳理组织的职责，清晰职责后，可为后续的授权、绩效、激励等一系列工作提供基础。

清晰的流程既能保障组织运行效率，又能控制运行风险。流程梳理应逐级展开，一级业务流程主要反映组织的价值产生过程，为保障一级流程的有效运行，组织应依次梳理二级、三级、四级流程。流程梳理过程中，需对标行业最佳实践，找出流程中的痛点问题，并加以解决。

有效的授权机制，可充分激发组织和个人的活力，发挥每一位员工的主人翁意识。授权在很多企业是敏感的话题，笔者在和企业家沟通的过程中，遇到过几类困惑，例如，授权后企业不仅效率没有提升，反而管理陷入混乱；管理者只运用权力，却不承担相应的责任；权力授出去后，不容易收回，反而让企业家逐步被架空等。这些问题通常是由于授权体系出了问题。解决授权问题，首先要明确企业的授权原则和方法。

保障激励。变革的初衷是通过变革来改善现状，把组织带到一个新的发展状态。企业家应充分尊重人性，把组织的发展和员工发展相结合，充分考虑员工的短期利益诉求和中长期利益诉求。这就需要在激励体系上做足工作，否则变革必难取得成功。在金山变革中，雷军进行组织调整后，使得原先的业务都以子公司的形式运营，以便每一块业务后期都能单独上市，保障了员工的长期激励。此外，雷军也非常善于运用其他激励手段，例如，2021 年是金山转型的第 10 年，雷军赠送给每位金山员工 600 股作为礼物，这对员工来说也是一个额外的激励，极大地提升了员工对金山的忠诚度和敬业度。

调整组织、梳理流程、有效授权、保障激励通常是组织变革中的例行工作，在管理逻辑上也具有顺承关系的，通常会整体考虑，缺一不可。

6. 持续胜利

变革过程中，组织信心很重要，要想办法让整个组织不断看到胜利。变革领导团队在目标设定时，应遵循先易后难，循序渐进的原则，让组织变革每到一个里程碑，都可以取得阶段性胜利，这样变革才能持续取得成功。

7. 巩固变革

组织变革牵涉的范围通常比较广，涉及的业务单元、管理模块比较多，大多数组织变革的项目中，业务单元之间相互影响，管理模块之间相互联系。然而变革应循序展开，而不宜同时全面拉开，因此，在变革取得阶段性胜利后，要及时巩固变革成果，并及时在其他业务单元和管理模块上发起新的变革。

8. 建设文化

热力学第二定律指出熵增是常态，组织要想对抗熵增，变革应是持续的。成功的组织变革，不是为了达到某一个目标或阶段就停止，而是把变革的思想和文化植入新的组织发展阶段中去。当组织转型成功后，需及时把新的运作方法植入整个企业的运营流程中，把变革的基因植入企业的文化中。

可以采取一些企业文化建设的方法来实现，例如，在变革过程中选择典型的人物和事例，树立榜样并鼓励他们，帮着他们建立影响力，进而影响其他的员工。旗帜鲜明地倡导变革的思想，反对阻碍变革的思想。树立新的员工行为规范等。

抓住企业组织变革难点

在和企业家交流过程中，很多人都会说一句话，不变革等死，变革是找死。这句话反映出很多企业家对变革的态度，既有期待又有担忧，也反映出组织变革的确不是一件容易的事。只要企业配备好 5 个变革要素，便能帮助企业成功开展变革（见图 3）。

图 3　企业配备的 5 个变革要素

1. **视野**。企业家必须具备广阔的视野和对行业的洞察，并对变革给予坚定的支持，否则变革将走向混乱。

2. **技巧**。变革领导团队一定不是仅使用硬权力去强推，而是要掌握沟通技巧、工作技巧等各种变革技巧去开展工作，否则变革将让组织员工变得焦虑不安。

3. **激励**。给予变革工作专门的激励，确保变革不会成为间断性的变革。

4. **资源**。给予变革工作以人、财、物等资源的保障，否则变革必将受挫。

5. **行动方案**。毫无疑问，没有清晰的行动方案的变革，将会毫无头绪，有勇无谋。

在竞争如此激烈的时代，组织变革对于企业来说，已经不是一道选择题，而是一道必答题，以上是组织变革中的一般路径和一些难点相应的对策，企业家更多应思考如何能确保组织变革的顺利推动，而非变革的必要性。

“搭班子”的心法

■ 作者 | 陈 明 华夏基石产业服务集团创始合伙人、副总裁

“利可共而不可独，谋可寡而不可众”，谋划只能在少数几个人之间。

“问题出在前三排，根子还在主席台”，这是组织管理中的一句俗话。瓶颈一定在上面，树死一定从树根开始。一个企业的发展瓶颈往往都在上面，企业的高层管理团队对一个企业发展壮大至关重要。高层管理团队按照中国人比较熟悉的表达方式来说，就是“班子”。卓越企业一般都有一个卓越的班子。“搭班子”已成为企业理论和实务的热门话题，越来越受到各个企业的重视。

很多企业，包括一些上市公司，营收规模大概停留在一二十亿这个层面徘徊，即使增长空间比较明显，有的甚至还比较大，也会出现增长乏力。笔者发现这些企业有个共同点——团队普遍比较弱，尤其企业的班子建设（包括新业务的核心团队）存在明显“短板”。企业领导班子究竟怎么搭?

本文将根据笔者近几年的观察和思考，提出自己对班子建设的一些看法。

一、理解何为真正的“班子”

判断一个真正的“班子”的标志是什么。总结一下主要有三条。

一是关起门可以争论，但出门一致对外。班子不能留有“缝

隙”，否则就容易被下面的人利用，造成企业政治化和复杂化倾向，不是“力出一孔”。不在公开场合对不是自己负责的领域表态，不把内部矛盾公开化，有人提出其他班子成员异议时，可以听取别人的意见，但不发表意见。但班子内部可以交换一些意见，也可以把你所听到意见做一个内部沟通。这一点尤为重要。

不能留有“缝隙”，否则就容易被下面的人利用，造成企业政治化和复杂化倾向，不是“力出一孔”。

二是有人能“踩刹车”。很多老板创业成功后，容易膨胀，认为自己无所不能，开始高估自己，开始一意孤行。其实，在有关重大决策中，班子成员中不同意见，甚至一线的不同意见，都要被看作是一个有价值的，是决策程序中的必要环节，促进主要决策人完善方案，他们看到什么，他们在意什么，这些不能被主要决策者忽视了。

三是有一个“班长”。班子里一定要有一个“带头大哥”，群龙有首。这个人在团队中有威望，赢得大家信任，能服众。而这种信任是经过实践检验的，经得起时间考验。遇到重大的决策有商量，但在关键的时候，有人敢拍板，并且大家都认账。这个“班长”要具有企业家精神。有时候“真理掌握在少数人手里”，不能靠简单的举手表决来做最终决策。

班子建设中最难的一点就是把握好“企业家直觉”与“达成共识”之间的平衡。既要发挥企业家的直觉，又要避免陷入为了达成一致，久拖不决而延误战机。

二、“设计”班子

班子建设的目的是打胜仗，为了完成任务，实现目标。班子建设的核心就是在协作的前提下进行分工，分工的目的是协作，整体利益最大化。设计班子，就是从任务入手，看看需要组建什么样的班子，需要班子成员发挥什么样的作用。发挥每个人的长处，同时相互补台。

企业不同，发展阶段也不同，其所面临的核心任务是不一样的，团队中成员所承担的责任必须适时优化调整，另外，再加上一个主要变量——规模，规模从小到大，组织中人数从少到多，团队的思维方式和工作方式都要带来变革才能适应这种“从量变到质变”转化。团队成员要想不被企业发展所“淘汰”，必须不断学习，努力适应，尤其一把手的自我超越更是关键。

班子成员的多样性也很重要。按照管理大师德鲁克的观点，他认为一个高管团队一定要有四种角色：有人喜欢思考，有人善于行动，有人热衷于混圈子（抛头露面），有人容易相处。每个人很难担任两个角色，擅长其中一个角色就已经了不起了。所以我们在匹配班子成员时，要充分考虑这四种角色应该都有人承担。这样的团队才没有大缺陷，除了能力互补以外，角色也匹配。

在这里笔者要强调一下，很多老板总觉得自己擅长做管理。殊不知，管理与运营工作需要一定“傻劲”，需要“比慢”“比呆”，扎扎实实，慢慢沉淀。好的管理与运营实际上是比较枯燥的，需要一种韧性和意志力，不达目的不罢休。

据笔者的观察，一些比较聪明的人让他们做管理其实有点难，聪明人一般对人要求是比较苛刻的，他们总是喜欢找“巧妙”的办法来解决问题，不愿意“死磕”，不愿意下笨功夫。当然如果有人非常聪明又愿意下笨功夫，恭喜你就是高手了，天才级人物了，基本上干什么成什么。

三、提升找人、选人的成功率

老板是首席找人官，人才是选出来的。很多企业的老板面临一个困惑就是他们认为自己看人总是会走眼。其实，看人走眼只是问题的表象。实际上看人走眼背后，往往是老板没有想清楚找这个人、选这个人到底想让他做成什么？对这个人要求越具体越明确，越有利于看准人。

在组建班子的时候，第一，要想清楚的是三年之内企业的主要增长目标是什么？靠哪些业务单元来承载这个增长目标，公司级的关键任务是什么？然后，盘点现有关键人才，主要是公司层面的班子成员，以及业务单元的经营团队，最后，如果必须实现这三年的增长目标，需要匹配什么样的人才，优先考虑经营人才和领军人才。

第二，看看这样人才是在哪里？如何分布的？从外部找还是从内部提拔？这个当中可能又衍生出一个激励机制问题，先优化激励机制把内部人才激活。有时候机制变了，原本不是人才的人也变成了人才。

第三，明晰核心岗位的相对具体任务，到底让这个岗位的人来承担什么责任，一定要把这个岗位场景化，这个场景刻画得越准确越能精准找到人，当然这个精准是相对的，不是绝对的。

一个人真正的价值观，只有在处理冲突或矛盾的时候，才能显露出来。

第四，要考虑团队的融合问题，包括汇报关系，管理风格适应性，以及团队风格的多样性等。如果老板思维缜密，系统性强，但动作慢，这时候就需要有敢打敢往前冲的人。否则，这个团队可能会延误战机，好的决策都是在试错中迭代出来的。

只有明确场景，需要候选人承担何种相对具体的任务时，才能重点考察和验证此人具不具备这个岗位所要求的能力（包括团队的融合问题），这样才能相对精准地找人识人。

这里说一下企业在找人选人实践中经常碰到的另外一个问题。如何挑选来自知名大公司的人才？很多企业一旦做到一定规模，老板就开始觉得管理重要了，通常马上想到能不能找到某某知名企业的人，感觉这些人肯定比较擅长管理。但实际上不一定。大企业体系相对完善，资源比较多，都在系统内运行，做事情相对容易一些。中小企业普遍没有体系，完全要从乱到治，这是一个“高难度技术活”，只有大企业经历的人可能也不懂怎样建体系，他们熟悉的场景是怎样在体系中进行管理。

四、赢得信任与“气味相投”

管理需要权威，这个权威说到底是一个合法性问题。权威不是你在这个岗位就自动赋予你的，尤其是知识型员工，他从心底里不接受的话，根本不会产生管理绩效的。很多企业班子建设没有转化到企业发展的成就上来，主要一个原因就是团队中老大没有形成有效权威，大家的努力没有“拧成一股绳”。老大与团队成员之间以及团队成员本身之间的信任都是赢得的，班子与员工队伍之间的信任也是赢得的。

“气味相投”其实就是价值观匹配的问题。班子成员应该是一群“气味相投”的人。一个人真正的价值观，只有在处理冲突或矛盾的时候，才能显露出来。每个成员的价值观检验必须放在实践中，必须经过一定时间段来磨合，否则是分辨不清的。

如果班子的成员价值观不匹配，就比较麻烦，尤其是高层领导人选，一定要先选用价值观匹配的人，能力是可以锻炼出来的，一个人的能力关键在于企业如何用他，这是有道理的。

这里有两种情况需要说明一下。一种情况是，有些人不能正确处理组织利益与个人利益关系，对别人总是要求组织利益高于个人利益，对自己的时候，往往个人利益凌驾于组织利益。这种人骨子里就是“独行侠”，是组织中的“边缘人物”，攻坚克难的时候用他可能还行，但如果放在企业的高位还是不合适。

另一种情况是，有一种人总是充当“为民请愿”的角色，总是“站着说话不腰疼”，高举理念的大旗，怒怼企业和所有人，但企业真的让他换个角色，去承担责任的时候，他就露怯了，不仅负不了责，甚至干得还不如原来的人。这种人只适合在“评判与自我批判”的场景中。这种人应该限制使用，不能用在重要岗位上。

班子成员之间价值观要匹配，需要磨合，需要经过实践的检验，不经历一些“事情”的洗礼，班子成员之间是不会有默契的。

五、少数人商量

“利可共而不可独，谋可寡而不可众”，谋划只能在少数几个人之间。人数众多的话，每个人境界、看问题的角度不尽相同，很难统一思想，达成共识。面向未来的时候，真理往往掌握在少数人手上。

“多数人讨论，少数人商量，老板拍板，个人负责”，这样的总结是有一定道理的。多数人讨论实际上是一个酝酿发酵的过程，先发散后逐步收敛。少数人商量，这是关键，决策的一定是少数几个人的事，大家可以深入探讨，充分议论，求同存异，重大的决策其实需要“缓慢决策”。最后是老板来拍板，但这已经是“融智”了。**决策的责任人必须明确到个人，不能因为是集体谋划，老板拍板的，这个决策落实好坏就与个人没有关系了，这是不行的。责任必须有人来承担。**

真正的班子成员必须有“上游思维”，也就是“决策—执行”之间要不断迭代优化的。一旦决策做出了，权威执行，执行中不能“阳奉阴违”，力不往一处使。

有效的决策模式对班子建设挑战比较大。如何平衡群体智慧与企业家直觉之间的关系？既要发挥企业家的直觉，又要吸取群体智慧。很多企业要么老板一个人“一言堂”，要么谁也说服不了谁，很难达成共识。

笔者发现决策中最难的一点，是对未来的判断，对机会的判断，对趋势和转折点的判断，大家确实很难达成一致。老板最郁闷的是，“他一个人清醒，大家醉了”，形成不了有效行动。每次复盘下来，剩下都是事后的遗憾。这说明其他人还是和老板不在一个层面。碰到这种情况，“独断”可能更有利一些。

少数可以商量的人应该在一个频道上，首先在沟通上要确保大家说的是同一件事，这样才能就决策的背景、为何做这个决策以及决策的依据等问题保证信息对称，确保大家掌握的信息基本差不多，并在此基础上充分沟通，这样才有利于达成一定的共识。

很多优秀企业逐步在自己企业内部建立起决策的复盘机制，每到一定的时间，核心决策班子检讨当初决策的背景、目的、决策依据和决策的愿望等是否和现实相符，哪些出入比较大，哪些意想不到，哪些被证明是错误的，接下来如何修正以及对这个决策采取何种措施？继续推进，加大投入，还是止损？

> 很多优秀企业还有一个特点，那就是它们的重大决策过程往往比较慢，但它们的执行力很强，也很快。

很多优秀企业还有一个特点，没有引起特别的关注，那就是它们的重大决策过程往往比较慢，但它们的执行力很强，也很快。这是优秀大企业的一个普遍特点。大企业的班子每年不应该做太多的决策，应该关注那些对企业发展非常关键的几项重大决策，这样才能保证班子成员有精力进行充分思考和酝酿。把那些小的并且需要经常做的决策尽量下放到比较低的层级来做。这是组织建设最为重要的问题之一，即决策的层级问题。

六、从非正式到正式

企业在从活下来到发展壮大的过程中，其真正的班子形成是一个自然而然的过程，经历从非正式到正式，这个过程就是一个磨合的过程，是一个实践的过程中，也是一个识人的过程。

笔者研究了一些“卓越班子”的形成过程。一个创业企业只要能活下来，肯定是做对了很多事情，在这些做对了事情的过程中，一些人才被检验出来，被识别出来。这些往往都是一些有见解的人，他们能抓住主要问题或矛盾的主要方面，并且说话有质感、接地气。此时老板要有意识地关注到这些人，老板可以就某些问题主动与之沟通，也可以就某些相关决策询问其看法，这是一种非正式的方式，却是一种比较有效的方式，作为正式方式的一种补充。

随着非正式的次数增多，老板在其周围就形成相对确定的“圈层”，这个往往是形成正式班子建设的前奏。因为这种方式相对有效地把人才识别出来。很多的企业班子成员选择，尤其从创业过来的企业，都从这种非正式方式开始，把一些有见解的人识别出来，逐步把他们变成真正的班子成员，成为老板正式决策可以商量的少数几个人。

当然，任何时候，每个企业班子的决策过程中都要有这种非正式的方式作为补充。

七、一把手与二把手

在一个班子中，一把手与二把手实际上是完全不同性质的两类人。在华为有一种说法，一把手敢于进攻，是狼，二把手要精于管理，是狈，所谓“狼狈机制”。

笔者总结一下一把手和二把手的职责定位的区别。

首先，对整体把握的区别。一般来说，一把手更关注整体利益、长期利益、组织力打造。二把手更多侧重某个板块或某一任务。用华为的说法，一把手的主要任务是布阵、点兵和陪客户吃饭。一把手更多的是从整体入手，从布局入手，识人用人，并能感知外部的变化。

要想把握好整体，需要一把手有一种平衡的能力，做决策既要导向明确，又要维护组织整体。在大家“忘乎所以”“高度亢奋”的时候，适时给大家“泼一点冷水”，在顺境的时候，要提醒危机并着手做准备。

其次，稳定性与变革性的区别。一把手往往是变革的发起人，看到组织变成“一潭死水”，就会拿个棍子去“搅一搅”。一把手承担领导的角色，指出组织的方向。二把手更多从事相对确定、稳定的任务，更多想办法实现。

最后，抗压性不一样。一把手需要具备坚强的意志力，强大的抗压力，好比一个“变压器”，把市场压力、外部压力或其他压力，转化成正常压力，减轻其他成员的压力，免得大家动作变形。一把手必须有一种能力，团队中其他成员搞不定的事情，一把手必须搞得定。这也是一种抗压性，二把手变成一把手的时候，最不适应的可能就是一种决断力——果断决策的能力。二把手从心理上都有一个依靠，反正有老大在后面顶住，造成他们的决断力不够。其实这也是一种抗压力不够的表现。

笔者观察一些卓越的一把手，发现他们身上有一个共同的特点，即他们是一种矛盾综合体。两种看似矛盾的特点在他们身上完美地结合，能自由切换而不违和。这是一种“张力”，能爆发出强大的创造力。

八、抱团作战

一个卓越的班子就是企业发展最大的一个“引擎”，一个“战斗的堡垒”。一个班子要发挥出抱团作战能力取决于以下三点。

第一，归属感。这个靠的是原则，是价值观的认同。大家有一种相互依靠的感觉，有一种安全感，敢于把自己的“后背”交给对方。

第二，积极作贡献。每个人必须为团队和企业作贡献。为成功作贡献，成就别人是根本。其实抱团作战，实际上对人的要求非常高，团队中成员必须有非常强大的自律性和自我驱动力。团队本身是无法靠考核来运转的。

第三，信任很重要。这种信任要体现在你积极作贡献，你要相信团队会给一个公正评价，给一个公平的回报。一个太计较的人其实不适合抱团，总觉得自己吃亏的人也很难抱团。一个团队的力量其实在于发挥每个人的长处，同时相互补台，形成一种整体。这就要涉及每个人都会做一些“看不见的工作”，是很难被考核的。如果每人都做“容易显示”的工作，团队之间的补台和背后看不见的工作谁来做。

团队管理中有一个行之有效的经验，就是团队成员之间薪酬不能差距太大，成员中最高报酬与最低报酬差距不能超过一倍，也就是团队成员最低报酬应该大于或等于团队成员中最高报酬的二分之一。如果团队成员中收入差距过大，收入最少的团队成员可能就会缺乏自尊，会形成一个依附关系，缺乏独立自主性，总觉得自己不是真正的班子成员，很多时候他就会附和，不会独立发表自己的意见。这一点非常关键。

另外抱团作战中还要特别注意空降干部与原有干部之间文化融合的问题，如果融合做不好的话，也会影响抱团作战的效果。

九、批判与自我批判

班子整体成长，除了每个成员自我成长之外，更要靠批判与自我批判。真正班子成员之间必须开展批判与自我批判。以自我批判为主，适度开展批判。这是保证团队成长的关键。班子成员要定期开展批判与自我批判。有理有据，有则改之，无则加勉。这个必须成为一种文化，一种真正的团队文化。只有这样才能确保相互纠偏，自我解放，团队才能茁壮成长。

以上这些是笔者对一些优秀企业在卓越班子搭建过程中的观察、思考和总结，希望能给致力于搭建好班子的管理者一些启示。

战胜内卷
——突破增长，实现跃迁

■ 作者 | 陈 明 华夏基石产业服务集团创始合伙人、副总裁

增长必须成为企业发展的第一要务。增长是可以设计的。所谓“向前看，往回推”。

近几年，我与企业家朋友交流，发现真是“几家欢喜几家愁”。但大家有一个共同的感受就是“快，而且越来越快”，尤其变化越来越快，有些环境、形势、政策的变化是不可预期的，好像突如其来，给人一种莫名的紧迫感、压迫感，让人不由得焦虑。在这个动荡不安的世界里，企业如何赢得逆周期的持续增长，赢得有质量的增长，这是一个摆在企业面前的时代挑战。然而，转过头来，我们却要面对“内卷”“躺平”等“时代病”……

我们只能从企业经营管理的底层逻辑来思考如何应对这个“多事之秋”。

此刻正是分水岭

中国自改革开放以来，经济发展几乎一路高歌猛进，即使偶遇波折也很快逆市上扬，四十多年的发展可以说波澜壮阔。中国企业把握了大势，承接了全球产业转移，同时启动了中国本身庞大的消费市场，总的来说，中国企业在这四十多年里经营得风生水起，进步的速度让世界为之侧目。

形势比人强。我们赶上了好时代。但这种势头似乎因中美

贸易对抗开始的到来而带来改变，加上全球新冠肺炎疫情大暴发更是加速了这种改变。中国企业“随波逐流”式的赚钱方式逐渐被改变。中国从“赚快钱、大钱”时代，到赚“慢钱、苦钱和小钱”时代。

这是一个分水岭的时代。企业的分化日趋加剧。头部企业或细分领域的冠军的优势越来越明显。“平均型”“小而美”“力小任重”的企业基本上没有太多的出路了。中国企业的成长既需要机会又要本事。

过去机会太多，试错成本不高，你摸着石头过河还来得及。现在的机会窗越来越小，企业的战略选择、赛道选择非常重要，对企业的“硬技术”要求也越来越高。企业必须小心验证，快速迭代，首战即决战。企业在机会窗之内，必须大力提升资源密度，尤其人才密度，快速形成“席卷之势”，迅速冲到头部，否则，很可能“起个大早，赶个晚集”。

增长仍是核心命题

战胜内卷的法宝是增长。企业不仅要做大规模，更要做大市场。只有大市场才能产生大企业。所谓“水大鱼大”。

增长首先建立在产业机会上，所谓顺应大势。我们搜寻机会，但拒绝机会主义。企业的增长机会一方面来自市场、来自触达客户的方式、来自产品力。另一方面来自结构的变化，包括市场结构，客户结构等。比如，从中高端市场向低端市场进行扩张，也可以从低端市场向中高端市场反攻，向上逆袭。其实商业社会中人口结构的变化也会带来巨大的商业机会，这个往往被绝大多数企业忽视掉，总是认为人口结构在一定的时间内是保持不变的。而恰恰现在的人口结构变化是剧烈的。

从内部来看，聚焦和结构优化同样带来增长的空间。把优质资源聚焦到优质市场或优质客户上，同样能取得事半功倍的效果。追求供给侧的创新，同样能带来大机会，所谓供给侧的创新就是满足需求的方式发生变化。市场中的需求一直是存在的，但满足需求的方式不一样了。有的通过技术或工艺的创新，能够带来品质、成本的革命性变化，这就会产生颠覆性效应，上演了一幕幕“小字辈”后来居上，打败“老大哥”的故事。

增长必须成为企业发展的第一要务。增长是可以设计的。所谓“向前看，往回推”。比如，三年的增长目标如何落实到每个业务板块，也就是承担增长的载体是什么，是区域分公司、产品线或者客户群？增长的空间在哪里，又如何实现这种增长？

> 战胜内卷的法宝是增长。企业不仅要做大规模，更要做大市场。只有大市场才能产生大企业。

还有一种增长可能来自产业链上下游的协同。企业可以通过设计机制去链接带来增长的资源。这也一种增长思维。

我们思考企业增长战略的时候，可以借用“赛道”的概念。判断企业选择的赛道有多宽，也就是看其市场规模有多大？除了赛道的选择，企业每个阶段必须至少有一个增长极，也就是至少具有一个增长的引擎，俗称“增长曲线”。一个增长极就是一条曲线，在前一条增长曲线尚未放缓的时候，企业就需要前瞻性地布局第二条增长曲线。否则企业增长结构上就会失衡。

组织是根本保障

战胜内卷，企业必须学会“由外向内”的思考，用机会牵引企业发展，凝心聚力打粮食或增加土壤肥力。做大市场与做大规模并举。

增长目标设定后，必须把目标任务落实到组织形态上，用组织设计驱动增长。这其中的关键是速度与效率的平衡，也就是纵向打穿和横向拉通之间平衡。当一个新业务处于 0~1 阶段的时候，信息的闭环非常重要，此时速度是关键，不建议跨部门协调，资源尽量集中在一起，形成一个相对完整的闭环，这就是所谓纵向打穿，追求的是速度。

当业务规模做到一定体量的时候，就需要把一些职能沉淀下来，横向拉通，进行平台化，发挥资源集约化的效果，发挥资源效率，赋能前端业务作战单元。这就是平台赋能。

组织的“分久必合，合久必分”体现的是组织的活力。数字时代的组织底层逻辑是基于信息的组织。既要有活力又要有效率。

人才及其机制是关键

人才本身不是企业的核心竞争力，人才及其机制才是核心竞争力。把人才有效组织起来，通过机制驱动人才在市场中建功立业，聚焦打粮食或增强土壤肥力。企业选择的赛道一定要足够宽，要有大仗可打，要有足够的山头可攻。要让人才组成的管道足够长足够宽，并且对着目标、成果持续不断地做贡献，否则容易造成“内卷”。如果不引导大家的精力放在客户身上，而是放在内部，那就会造成“内耗”或“倾轧”。有人开玩笑说，企业里的人不能闲着，人一闲着，就会“惹是生非”。

这种机制设计在企业内部的话，一定要造成良性竞争。这就需要人才有一定“冗余”，否则就会迁就员工，责任也无法强化。管理就会复杂化。一个人做事情，总有人在旁边“盯住”你，你不好好干或干不出成绩来，总有人能替换你，这种机制逼着你奋勇向前，发挥自己的潜力，不敢有懈怠。

学习标杆是最好的进化方法。大家把今日的标杆当成明天的起步，这也是一种机制，引导大家不断挑战自己，追求卓越。

数字时代，创造性的知识日趋成为产业重要的要素资源，知识员工及其头脑的知识是一体的，如何调动知识员工的积极性、发自内心地为企业作贡献，是管理上一个巨大的挑战。工业经济时代，我们比较熟悉如何管理产业工人，但对知识员工管理还是不太熟悉。这就需要从机制上进行根本性创新，事业合伙人势在必行。其实事业合伙人不仅可以链接、激励人才资源，还可以链接、激励其他产业资源，一起为企业的增长做出直接的贡献。

《战胜内卷——突破增长 实现跃迁》一书主要是笔者在近两年发表的文章，主要就是围绕增长、组织、人才与机制来进行。这些文章都是笔者对各类企业近距离观察和思考，更多的是从笔者服务过的一些优秀企业家身上习得一些“行之有效”的方法和实践。笔者更多的是总结、提炼和体系化，让别人更容易学习而已。

感谢给予我们力量的企业家朋友们！是你们激励我们为中国企业的茁壮成长一直努力贡献绵薄之力。

（本文为陈明老师文集《战胜内卷——突破增长 实现跃迁》的序言，该书由中国财富出版社出版发行，即将面市）

阅读

CHINA STONE

企业是要做大做强，还是要“小而美”？如果老子穿越到今天，他会告诉人们：这些都不重要，真正重要的是长久，是活下去。《道德经》中有很多篇章都在讨论长久之道。

——吴 强

重温经典

平静管理

■ 作者 | 亨利 · 明茨伯格等
■ 来源 | 《战略过程：概念、情境、案例（第 4 版）》，中国人民大学出版社

一家著名的商业杂志的记者采写了一篇关于某公司 CEO 的报道，这位已经掌管公司多年的领导者因其高效而备受推崇。该记者提交了一篇精彩的文稿，将该 CEO 的管理风格描述得非常准确。但稿件却被驳回了，认为不够刺激，不够煽情。尽管这家公司刚刚打破了行业盈利的最高纪录。

不久前，另一家大公司也经历了一场剧烈的变革。到处都在改变，公司到处是咨询师，人员大规模流失。首席执行官承受着来自公司各个层面的巨大压力。突然，他被解雇了，原因是董事会认为公司此次转型失败。

回到 5 年、10 年、20 年，甚至更多年前，看看那时的商业杂志——关于苹果公司的约翰 · 斯卡利（John Scully），美国快递的詹姆斯 · 罗宾逊（James Robinson），国防部的罗伯特 · 麦克纳马拉（Robert McNamara），这些都曾经是美国管理界的英雄人物……**他们思考这样一个命题：真正优秀的管理也许是枯燥乏味的。在所谓的领袖身边，新闻舆论或许是问题根源。正是他们使企业的成功个人化，并把领导者神化**（至少在舆论贬损他们之前）。毕竟，公司是一个巨大而又复杂的实体，想要找出它所存在的问题，了解它到底发生了什么，需要付出很大努力。假设这一切都是由大人物完成的则容易很多，也能编出更动听的故事。

如果你要验证这个命题，不妨想一想瑞士，一个运营良好的国家。你不用东奔西走，只消随便问一个瑞士人他们国家首脑的名字。对于他们的一无所知，你大可不必惊讶：管理国家的七个人地位平等，每年轮流做首脑的职位。

喧闹的管理

《公司再造》在封面上大声疾呼："忘掉你所知道的业务经营知识吧——它们大部分是错的！"确实如此。"业务再造，意味着要抛弃 200 年来人们所接受的大部分工业管理智慧"，作者这样写道。人们从来没有注意过，近 100 年前，亨利·福特和弗雷德里克·泰罗（姑且只提这两个人）就进行过"再造"业务。再造的新标语是，"它对于下一次工商业革命的意义就像劳动分工对于上一次革命的意义一样（指的是工业革命）"。这种管理煽动是否让我们变得麻木了，以至于对这种言过其实习以为常了？

在管理领域，常常会出现这种噪声。下面举几个最为人津津乐道的例子。

▶ 全球化

日内瓦红十字会总部的管理者来自 50 个以上的不同国家。秘书长是加拿大人，三个副秘书长分别来自英国、瑞士和苏丹（过去曾有一个瑞士的管理者，但是他近期退休了）。我所了解的最接近全球公司的企业可能是荷兰皇家壳牌公司，多数高层领导来自两个国家——几乎是我可以想象的其他任何公司人数的两倍。但是，与红十字会相比还是相形见绌。然而，**业务遍及全球不等于拥有了全球化的思维模式**。

"全球化"是新概念吗？当然，这个名词是新的。过去人们用其他名词来表达同样的意思。20 世纪初，胜家缝纫机公司（Singer Sewing Machine Company）的业务遍及全球（包括非洲最遥远的一些地方），现在所谓的全球化公司几乎没有哪家能达到胜家当年的那个程度。

▶ 股东价值

股东价值也是一个新事物吗？还是又一个廉价出售未来的老方法？这只是没有主意的首席执行官从富裕公司中榨取资金的一种简单方法吗？这种唯利是图的管理模式太过于反社会（贪婪是好的，只关注数字，人们成了必须少付工资的人力资源，以便执行官们拿得更多，凡此种种）。如果我们不先取缔它，必将会让我们受损。

> 今天，我们似乎不仅需要领导者来领导，而且需要英雄的拯救。

▶ 授权

真正授权的组织并不谈论这一话题，那些大肆宣扬这个词的团队才真正缺乏授权：他们为给每一个人分配权力浪费了太多时间。然后，突如其来地，授权成了一种上帝的恩赐。

实际上，真正的授权是一个自然而然的事物：人们了解自己所要做的事情，然后顺其自然行事，就如同蜂巢中的工蜂。也许真正健全的组织要给领导授权，让他们反过来听取正在进展的事物。这样看来也许更好些。

▶ 变革管理

这是喧闹管理的最后一个因素。公司被迫变来变去——所有今天管理上的正确性都因其盲目性，使得政治上的正确性蒙羞。

1998 年 3 月 2 日，《财富》杂志发表了题为《美国最引以为豪的公司》的文章。但是，文中却很少提及这些公司，都是在描述它们的领导者。毕竟，如果公司成功，领导功不可没。

为了防止不能尽述，紧接着又发表了另一篇题为《美国最引以为豪的首席执行官》的文章。其中之一就是默克公司（Merck）的雷蒙德·吉尔马丁（Raymond Gilmartin）：当 4 年前默克公司将指挥棒传给了 56 岁的吉尔马丁时，给了他一项至关重要的任务，即“开发创造一种新的巨型炸弹配方，以此来代替专利权即将到期的重要产品”。吉尔马丁完成了任务。

你也许认为他是忙于管理公司，然而，很明显他只是在实验室开发那些配方。并且，偏偏是在杂志胡说八道的那4年里。

一位著名的《财富》杂志的作者告诉我们：“无论你相信与否，总有某些学术著作认为领导无足轻重。”而这些学术杂志也同样著名：**恐怕你很难想象，一些商业杂志如此痴迷于领导力，以至于认为其他一切都不重要。**这家杂志在1997年4月14日宣称，“在4年间，郭士纳使IBM的股票价值增加了400亿美元。”似乎每一美分都是他赚取的！这一切与数以千百万计的其他IBM员工无关，与员工所形成的错综复杂的技能和人事关系网络也无关，与运气也毫无关系。经济增长没有任何帮助，一切都只是靠郭士纳。

很多年前，彼得·德鲁克写到，行政管理人员在一定的限制条件下工作；管理者的工作是消除这些限制。后来，亚伯拉罕·扎莱兹尼克指出，管理者不过是进行管理，真正的领导者担负领导的使命。今天，我们似乎不仅需要领导者来领导，而且需要英雄的拯救。很快，英雄们将只负责拯救，那时人类就需要上帝来拯救了。**我们在一刻不停地下赌注，迟早我们会在狭隘的沼泽当中越陷越深。**

……如果你想拥有预见未来的想象力，最好具备鉴别历史的智慧。**对现今的痴迷——关注那些热门和时髦的东西——也许会让你头晕目眩，但却使人看不到现实。**如果向我展示一位忽略过去、喜欢创新的外来人员而不是有经验的内部人员，喜欢快速解决问题而不是平稳流程的首席执行官的话，那么他肯定是一位正在对组织造成破坏的首席执行官。

转型的方法在于，别再沿用原来的一套。可能这本身就是个问题：所有内容都转型了。**管理的白衣骑士有没有可能就是组织中的黑洞呢？**如果一位伟大领导者的离开会使一切倒塌，那么他到底好在哪里呢？也许，好的公司根本就无须转型，因为它们不会不断陷入危机。眼下，不得不做点成绩的领导们正在这么做。也许这些公司只是被平静地管理着。

平静管理

有史以来，医疗保健领域所取得的最大进步是什么？人们一直有争议，既不是戏剧性地发现青霉素，也不是胰岛素，而是净化自来水。已经到了该清理我们组织和思想的时候了。基于这种精神，我提出了以下一些有关平静管理的词汇。

▶ **鼓舞** (inspiring)

平静管理者认为授权是理所当然的，不会专门向下级授权。他们鼓舞员工。他们创造了一种培养开放性和释放能量的氛围。就如同蜂王并不做出某种决定一样，他只是释放一种化学物质就能使社会系统凝聚在一起。在人类的“蜂巢”中，这种物质叫作文化。

如果你想拥有预见未来的想象力，最好具备鉴别历史的智慧。

平静管理者加强人们之间的文化纽带，员工不是作为可拆分的人力资源，（这也许是管理中所创造的最讨厌的名词，至少到人力资本出现为止），而是紧密关联的社会体系中值得敬重的成员。当员工得到信任时，他们不一定非得到授权不可。

蜂后并不因为工蜂们能有效工作而受到好评。它只是有效地做好自己的工作，以便于工蜂们也能做好自己的工作。对于蜂后来说，并不存在超出它需要的奖金。

下一次，当你听到一个首席执行官不停地谈论团队工作，谈论“我们”如何通过把大家凝聚到一起完成任务时，不妨问问他，“我们”当中的“谁”正得到哪一种类的奖金；当你听到他大谈特谈长期计划时，那么问问奖金是如何计算的；如果合作和远见是如此的重要，为什么这些人正慷慨地将股票期权兑换成现金？当股价狂跌的时候我们能够取回现金吗？是不是应该这样认识这种执行报酬：它不仅代表了我们制度的腐败，而且还代表了这个民主社会体系的腐败。

▶ **关怀** (caring)

平静管理者关心他们的组织，他们不会像外科医生一样分解问题。因为他们知道应该在何时以及如何介入问题，所以他们更多的是在预防问题而不是解决问题。在某种意义上，这更像是顺势疗法的药物：用小剂量的药方来刺激系统自我治愈。更形象地说，它更像护理中最好的部分：在本质上，温柔的关怀变成一种治疗 。

▶ **灌输** (infusing)

“如果你想要知道数年来我们所面临的问题是什么，”一家航空公司的高管告诉我，“只要看看我们总部的部门构成就行了。每当我们有了问题时，就成立一个新的部门来处理。”这是侵入式管理。派出某人或某事以解决问题。忽略其余任何人和任何事：那都已经过去了。无论如何，新任执行官怎么能够知道过去呢？除此之外，股市分析师和杂志记者也没有时间让新执行官去找出问题的答案。

平静管理涉及缓慢、稳定却又大量渗透的灌输和改变。每个人都肩负起确保重要变革可控的责任，而不是让变革以戏剧化、表面化的方式发生。

这并非意味着永远在进行彻底的变革。这不过是无政府主义的另一种说法。它意味着在维持多数稳定的基础上，不断改变某些事情。如果你愿意，你可以称它为自然的持续改进。当然，诀窍在于知道什么时候做什么样的转变。同时，要实现这一点，没有什么可以取代这样一位领导：深入理解组织的本质，与员工一同工作，受员工尊敬及信赖。在这种方式下，当成员（包括领导）离开时，组织才会继续发展。

▶ **主动 (initiating)**

摩西为我们描绘出这样的战略过程：走下山去，将来自天堂的话传给山下虔诚等候的信徒。这是来自天国的拯救。当然，由于山下的人太多，无法保证人人都能读到旨意，因此，领导者只能冲着这些“执行者”喊出这些“规划”。这一切都是如此的有条不紊。

除了在下面山谷的生活是丰富而复杂的以外，这决定了战略本身就不像商务套房那样简洁，而像日常生活那样嘈杂。只要喧闹的管理仍旧持续地停留在那里，就可以喊停所有的战略：战略将不能继续。

平静管理是……卷起袖子去发现现实。平静管理并不是空降到组织中的，而是来自基层。它源于基层，但又从未离开。它在基层发挥作用，关于战略的知识也植根于此。这种管理融入公司的日常生活中，以便所有人深深扎根于基层，以追求令人兴奋的主动性。然后，那些与员工接触的管理者可以支持这种主动性，并激励战略演化的进程。

换种说法，管理者不再是一个组织，正如（涂料层无法支撑起一幢建筑），一个健康的组织无须依附于一个又一个的英雄。它是一种社会系统的集合，能在领导者的变化中自然地存活下来。如果你想要评价某位领导，那么十年之后再去看看这个组织吧。

超越平静

平静管理根植于经验的思考。它适合于用智慧、信任、奉献和判断等词汇来描述。领导者是合法的，所以能发挥作用。这意味着领导者是构成组织整体所需要的部分，并且应该得到组织内每个人的尊重。昨天的光荣让明天值得珍视，也使今天变得令人愉悦。

实际上，所有管理方式中最好的可能是沉默。人们用“我们自己做事”来表达这种方式。的确，我们是自己在做事情。

推荐阅读

书　　名：《亚马逊编年史（1994—2020）》
作　　者：宁向东、刘小华
出 版 社：中信出版集团
出版时间：2021 年 8 月

贝索斯：看到本质

2000 年的致股东信，是在互联网泡沫崩溃的大背景下发出的。不知道有多少人能像贝索斯一样，在困境中依然可以看到事物的本质，而不是简单地被环境和恐惧情绪所困扰。

在这封致股东的信中，贝索斯试图传递两个信息。第一个信息可被称为“战略定力”，是一种看到事物本质的能力。没有这种基本能力，是很难在复杂环境中依然可以保持正确方向的。贝索斯写道：

为什么你应该对电子商务的未来和亚马逊的未来充满信心？

因为关于未来，一定要记住：实体世界没有摩尔定律这回事儿。

产业的发展和新客户的进入，一定是由客户在线上购物体验的改善所驱动，而这种改善是不可逆转的。道理很简单。可得到的带宽、磁盘空间，以及处理能力，这一切都会急剧增加，而且会越来越快地变得廉价。这将会更容易引发创新，创新会进一步驱动客户体验的改善。这是大趋势。

按照摩尔定律，处理能力的性价比每隔 18 个月就会翻上一番，磁盘空间的性价比大约每12个月翻一番，带宽的性价比每9个月翻一番。所以，落实到亚马逊，如果我们控制客均带宽成本不变，未来5年每个客户将享受到60倍的带宽。磁盘空间和处理能力方面的性价比改善也是类似的，基于此，我们可以把网页上的实时个人化做得更多、更好。

在实体商店里面，商家当然也会使用各种技术去降低成本，但它们无法对客户体验进行转型。使用技术、降低成本的事，我们也会做，但更大的效应会体现在吸引新客户、增加收入方面。我们仍然相信：大约15%的零售业务最终会转到线上。

现在，一切都没有定论，但我们有大量证据可以证明亚马逊今天是一份独一无二的资产。我们有品牌，我们有客户关系，我们有技术，我们有订单履行的基础设施，我们有财务优势和人力资源，总之，我们有诸多的决定性元素可以帮助我们在这个初现的行业中扩大领导地位，从而建成一家重要的、有持续性的公司。

当然，贝索斯在这封信中对一些问题做了检讨，比如说对于“跑马圈地”的冷静分析。不过，他并不认为亚马逊作为互联网企业早期发展依靠“跑马圈地”来快速发展自己的策略有什么不对，相反，他认为这些都是战术性问题。战术是需要调整的，而战略是要坚定的。

这封信传递的第二个信息是“决断力”，一种只有经过本质思考，才可能具有的决断力。他写道：

许多人听我谈起过“大胆下注”的说法。作为一家公司，我们已经这样做了，而且还会继续这样做。从投资于数字技术和无线技术的开发，到投资于生活网站和宠物网站这些小的电子商务公司，我们都是在大胆投资。我们后来关闭了上述那两家小公司，作为这两家公司的主要股东，我们为此损失了大量的金钱。

我们之所以对这两家公司进行投资，是因为我们自己不会在近期进入这两个细分市场，而我们确实相信互联网发展中“跑马圈地”的重要性。1994年以来的几年，互联网发展的历史已经证明了“跑马圈地”是非常有用的辅助决策原则，当然在过去这两年，这条原则不那么有用了。回头来看，我们确实大大低估了进入这些细分市场需要的时间，也大大低估了在单一细分市场中做电子商务并且达到成功规模的难度。

相对于传统业务，线上业务是一个讲求规模的生意。其特征是固定成本高，而变动成本相对较低，这就使得规模只有中型水平的电子商务公司很难活下来。靠着烧钱和财务上的推力，前面所讲到的两家公司可以获得达到必要规模的客户数量，但当资本市场关上给互联网公司的融资大门之后，这些公司除了跟着关门，也不会有第二种选择了。我们这时不能犯更大的错误，不能再赔上自己的钱让它们苟延残喘。毕竟，长痛不如短痛。

贝索斯在这段话中提到了“规模”这个概念，这是在他以前的信中比较少强调的概念，但却是互联网企业成长过程中的关键要素。当互联网企业的融资比较好解决的时候，规模的价值并不容易被认识到。但当互联网泡沫崩溃之后，规模的价值则得到了凸显，而贝索斯选择通过缩小业务规模来维持在核心业务领域的“规模经济”。

在发出2000年的这封股东信时，亚马逊的市值跌去了80%。在这个背景下，贝索斯表现出了无比的自信，这种自信来自我们前面讲到的两层意思：第一，因为大逻辑没错，贝索斯更有战略定力；第二，在细节上，他看到了问题来自何处，也主动做出了调整。他写下了后面这段后来影响深远的话。他写道：

著名的投资家本杰明·格雷汉姆说过，“在短期，股票市场就是一台投票机；而在长期，它则是一台称重机”。很显然，在1999年的股市繁荣中，大家都来投票，很少人是来称重的。而无论是在今天，还是在长期，我们都是一家希望被称重的公司，必须能够经受时间的考验。在称重这件事上，任何一家公司都不会是例外。所以，我们必须要埋头苦干，成为一家越来越有重量的公司。

《跟道德经学领导力》：寻本质，就正道

万物有道，道存在于万物之中。“道”是什么？最简单的理解，就是事物背后的规律。喝茶有茶道，击剑有剑道，做生意有商道。任何事情，如果符合“道”，就可以长久、持续地处于一种良好的状态，世人把这种状态称为“成功”。对于经营企业的领导者来说，他们关心的是经营之道、管理之道。掌握了“道”并能有很好实践的人，往往被人称为“神”，比如日本的松下幸之助、稻盛和夫以及我国台湾的王永庆，都被世人称为“经营之神”。做企业，表面上是在创造产品、顾客、组织和财富，其实都是在经营之道上修炼。财富只是让人上路的诱饵罢了，经营者终其一生，都要追求“经营之道”。

想要学习“道”，探究领导力的本质，学习经营之道，你需要开启两双眼睛。一双是你的心性之眼，不要带着评判，要用心去感受和品味道的美妙。另一双是你的理性之眼，要带着无穷的好奇心和渴望，去探索道的精微和复杂。这就是“故常无欲以观其妙；常有欲以观其徼”。本文就是想带领读者体会道的美妙，探索道的究

书　　名：《跟道德经学领导力》
作　　者：吴　强
出 版 社：机械工业出版社
出版时间：2021 年 6 月

竟，从《道德经》开始理解领导力的本质。**少些比较，回归事物的本质。**

注：以下为编者摘选文字

《道德经》第三章

不尚贤，使民不争；不贵难得之货，使民不为盗；不见可欲，使民心不乱。

是以圣人之治，虚其心，实其腹；弱其志，强其骨。常使民无知无欲，使夫智者不敢为也。为无为，则无不治。

“人心乱了，队伍不好带呀！”这是让很多领导者头痛的问题，到底应该以什么原则去管理？如何使人“心不乱”“不争”“不盗”？解决方案就在《道德经》第三章。老子对人的本能欲望，颇有几分宽容，在他的理想中，人们应该“甘其食，美其服，安其居，乐其俗”，把小日子过得美美的就行了。但是，如果领导者总是追求各种社会上的荣誉、职务，总爱炫耀名牌手表和限量版豪车，却要求下属踏踏实实做人、勤勤恳恳做事，这不现实。“以身作则”才是领导者影响他人的第一要务，律人先律己。不标榜贤明，民众就没有争执之心；不珍贵难得的货品，民众就不会起偷盗之心；不炫耀值得贪恋的东西，民众就不会起惑乱之心。**所以，有智慧的领导者在治理组织时，会让人们内心纯净、生活富足、甘于平凡却有骨气！**如果大家都是这个样子，那么少数所谓的聪明人就不敢妄为。依照无为的原则去治理，就没有治理不好的。也许你会问，如果人们失去了欲望，那工作谁来干？队伍怎么带？老子给出的答案是：“虚其心，实其腹，弱其志，强其骨。”这才是真正有智慧的领导者该做的事。所谓“虚其心”，不是让人们心灵空虚，成天热衷于翻看短视频。老子所说的“虚”，是“致虚守静”的“虚”，他是要人们断妄想忧虑之心，保持心灵的安宁与洁净。“实其腹”就是使人们生活富足、填饱肚子。有人说这个社会很浮躁，为什么会浮躁？有个朋友告诉我，是因为欲望与现实之间存在差距，其根源在于匮乏。但如果欲望永无止境，匮乏便总也填不满。因此，“虚心”是“实腹”的前提。“弱其志”是指使人们意志柔韧，甚至让人们胸无大志、甘于平凡。不要小看平凡，一个人愿意把平凡的工作做好，把平凡的生活过好，就很不平凡。而且，大部分人注定会一辈子平凡。如果“成功”才是人生价值的标准，那岂不是大部分人的生活都失去了意义？从字面上看，“强其骨”就是使人们骨骼强壮，东方的健康观讲“血融则骨强，骨强则髓满，髓满则腹盈”，骨强代表身体健康。骨强还有另一层含义：一个人有担当、有原则，不惧怕任何困难。我们称为“有骨气”。

领导者自律淡定，民众质朴富足，是非消失殆尽，这样的社会还需要领导者为如何治理担心吗？而做到这些的关键，就是领导者没有特别的偏好、主张和欲望。

领导者的“无欲无为”，能让下属变得内心宁静、生活富足、意志柔韧、身体健康且有骨气，他们能让自己平凡的生活过得真诚而自律，不沉迷于欲望。在这样的群体中，那些投机取巧的聪明人就没有市场，他们不敢寻衅滋事，这就是所谓“智者不敢为也”。领导者自律淡定，民众质朴富足，是非消失殆尽，这样的社会还需要领导者为如何治理担心吗？而做到这些的关键，就是领导者没有特别的偏好、主张和欲望。领导者效法自然，以静为动、以退为进，不折腾，留出空间让民众自生、自在，这才是最高级的安民之道。**规律越无情，越有创造力**。

《道德经》第七章

天长地久。天地所以能长且久者，以其不自生，故能长生。

是以圣人后其身而身先；外其身而身存。非以其无私邪？故能成其私。

2013年初夏，我去华为公司，在华为大学入口处看见一块大石头，上面刻了8个字：小胜靠智，大胜靠德。当时华为公司已是年销售收入超2000亿元的通信巨头，但谁都没想到，这家公司的年销售收入还能在未来几年增长好几倍。大胜的背后，是对“德”的认知和践行。那么，究竟什么是企业应该具备的“德”？在《道德经》第七章中，老子用“天地之德”引出“圣人之德”，并说明了“德行”与“得失”的关系。天地长久。天地之所以能长久，是因为它们的一切运作都不为自己，所以能够长久。**所以有道之人把自己退在后面，反而能赢得爱戴；抛开色欲之身、利益之身，真我之身才能长存。正是由于他们不自私，故而能成就自己。**世界是由自己和他人组成的，自己是一个人，“他人”是指自己之外的所有人，但每个“他人”又都是他自己。以自我为中心是人类的本性，有人对人们说话时使用的词做过统计，发现“我”是用得最多的一个词。如果一个人凡事只考虑自己而不顾他人，就会被他人排斥，陷入孤立的状态。没有人愿意与这种人同舟共济。相反，如果一个人总是把自己放在最后，不断地为他人着想，就会不知不觉地被他人所拥戴，成为大家的中心。这个世界就是这样的，被他人需要的人、能给他人带来利益的人，就会成为被他人拥戴的人。

好的领导者，不应该整天只想着自己的个人利益、面子和权威，而应该无私地帮助身边的每一个人成功和成长——当人人都觉得“你”是他们的坚强后盾和能量之源时，大家才会真心拥戴“你”这个领导者。好的企业，不应该整天只想着如何赚客户的钱，如何让自己的利益最大化，而应该想着如何帮助客户成功，让客户价值最大化——当每个客户都觉得满意和划算时，客户才会源源不断地在“你”这里消费。在客户利益与企业利益发生冲突时，先考虑客户利益，后考虑企业利益，这样才会赢得客户的青睐；在员工利益与领导利益发生冲突时，先兑现员工利益，后兑现领导利益，这样才会赢得员工的拥戴。

这就是“非以其无私邪？故能成其私”的秘密，也是华为所说的“大胜之德”。

《道德经》第九章

持而盈之，不如其已。揣而棁之，不可长保。金玉满堂，莫之能守。富贵而骄，自遗其咎。功遂身退，天之道。

前些年，企业家热衷于讨论“先做大还是先做强”。后来，越来越多的人说要“小而美”。如果老子穿越到今天，他会告诉人们：这些都不重要，真正重要的是长久，是活下去。《道德经》中有很多篇章都在讨论长久之道。在第九章，老子对破坏长久之道的做法提出了警告，这种警告所针对的，都是人性的弱点。老子是一位人性大师，他用“盈”“棁”“守”“骄”这四个字，形象地勾画出人性的弱点，每一种弱点都是让事业无法长久的毒药。“盈”在甲骨文中的意思是两个人站在浴缸中，水溢出来了。“持而盈之”形容人端着架子，执着于自己的成绩和经验，像一杯装满水的杯子，装不下任何新的观点和意见。占有更多，不如适可而止；锋芒逼人，通常持续不了多久。拥有那么多财富，真能守得住吗？有钱有名的人，难免有骄娇二气，由此会埋下祸根。大功告成后悄然离去，这才是符合天道的行为方式啊！“棁”是指锐利的刀刃，锋芒四射，并且容易割伤别人。“揣而棁之”的人总是高调行事、咄咄逼人，他们不放过任何显露锋芒的机会，喜欢以践踏别人尊严的方式来显示自己的优越之处。“守”是指贪恋过去的成果，醉心于已经取得的成绩，保守而害怕失去。“金玉满堂”者通常会因为别人的嫉妒而招致祸患，如果失去了创造财富的能力，靠“守”只能坐吃山空。“骄”则是指拥有财富和社会地位而产生了骄娇二气，这是创业者最应该警惕的，因为骄娇二气是胆魄和冒险精神的毒药，是战斗力和勇气的天敌。领导者通常是因为渴望成功而奋斗，但往往会因为事业的成功而沾染上“自持自满”“锋芒毕露”“守财如命”“富贵而骄”这四种习气，从而导致事业失败。

电影《天龙八部》里少林寺方丈告诉虚竹：世界上只有两个人，一个叫“名”，另一个叫“利”。人们总是渴望名利，但名利的美味，会让人们变得盲目，对其“趋之若鹜”，知进不知退，善争不善让。很多人在经过奋斗拥有了梦寐以求的名利之后，又会被人团团围住，陷入“盈”“梲”“守”“骄”的陷阱。鲁迅先生就谈到过猛人（包括名人、能人、阔人）的宿命。一个人一旦成为猛人，他身边就会出现很多马屁精，将其团团围在中间，投其所好，拼命赞美，“使该猛人逐渐变成昏庸，有近乎傀儡的趋势”。在企业内部，有的下属为了自己的名利，会常想着如何讨好上级，而若上级习惯了恭维的声音，便很难听进刺耳的真话。于是，企业内部渐渐就形成了“回音壁”效应——领导者只能听到自己想听的、爱听的话。老子一再提醒人们要顺从天道。什么是天道？天道是循环往复的，就像天地有阴有晴、有寒有暑，就像人有呼有吸。所以，想要收获、接受，就必须给予、放弃——杯里的水满了，就要清空；放下过去，才能迎接未来。**领导者想要长久的成功，就要放下过去的成功，按老子的话去做人做事，不盈、不梲、不守、不骄，永远保持一颗“求知若渴”“虚怀若谷”的心。**

（本栏目文字摘编、整理：徐滢雯、刘晓旸）